Estudos Aplicados de Direito Empresarial

Estudos Aplicados de Direito Empresarial

LL.C. EM DIREITO EMPRESARIAL

2018

Coordenação:
Pamela Romeu Roque

ALMEDINA

ESTUDOS APLICADOS DE DIREITO EMPRESARIAL

LL.C. EM DIREITO EMPRESARIAL

COORDENAÇÃO: Pamela Romeu Roque
DIAGRAMAÇÃO: Almedina
DESIGN DE CAPA: FBA
ISBN: 978-85-8493-409-6

Dados Internacionais de Catalogação na Publicação (CIP)
(Câmara Brasileira do Livro, SP, Brasil)

Estudos aplicados de direito empresarial : LL.C.
em direito empresarial / coordenação Pamela
Romeu Roque. -- São Paulo : Almedina, 2018.

Vários autores.
Bibliografia.
ISBN 978-85-8493-409-6

1. Direito empresarial 2. Direito empresarial -
Brasil I. Roque, Pamela Romeu.

18-21731 CDU-34:338(81)

Índices para catálogo sistemático:
1. Brasil : Direito empresarial 34:338(81)
Cibele Maria Dias - Bibliotecária - CRB-8/9427

Este livro segue as regras do novo Acordo Ortográfico da Língua Portuguesa (1990).

Novembro, 2018

EDITORA: Almedina Brasil
Rua José Maria Lisboa, 860, Conj.131 e 132, Jardim Paulista | 01423-001 São Paulo | Brasil
editora@almedina.com.br
www.almedina.com.br

APRESENTAÇÃO

O profissional do Direito atuante no ambiente empresarial já há muito tempo enfrenta a necessidade de constantemente compreender a realidade de seus clientes e pensar criticamente sobre os riscos a que estes estão submetidos. Soluções tradicionais de séculos passados, a exemplo da prestação de serviços jurídicos que refletem simplesmente o conhecimento de determinada legislação, não resolvem desafios do século XXI. De um lado, é preciso que o advogado contemporâneo, em qualquer espectro de atuação, do contencioso ao consultivo, seja capaz de articular conceitos de mais de apenas um ramo do Direito para efetivamente contribuir para a solução de problemas cada vez mais complexos, os quais não ficam estanques em uma única caixa de conhecimento jurídico. De outro lado, este profissional também precisa adequar sua prática à realidade empresarial, a qual está sujeita a repercussões não apenas estritamente legais, mas também contábeis, econômicas, financeiras, reputacionais, dentre outras.

Pois bem, este terceiro volume da coleção Estudos Aplicados de Direito Empresarial – LL.C. em Direito Empresarial reflete justamente a capacidade de seus articulistas de responder ao contexto acima relatado. Os cinco artigos aqui presentes foram selecionados dentre os trabalhos que foram desenvolvidos no âmbito do programa de pós-graduação LL.C. em Direito

Empresarial do Insper Direito por terem recebido as melhores avaliações. E não poderia ser diferente: todos apresentam pertinência com a atualidade e trazem reflexões necessárias e úteis a profissionais do mundo empresarial.

Nesse sentido, Ana Luiza de Albuquerque abre a obra analisando as hipóteses de dispensa do empregado por justa causa, preconizadas na alínea "d" do Artigo 482 da CLT, no atual cenário de encarceramento em massa e diante da relativização do trânsito em julgado da sentença condenatória, fato que possibilita a restrição da liberdade de pessoas após o julgamento em segunda instância, ainda que constem recursos pendentes de julgamento nas instâncias superiores. Seu artigo, intitulado "A inaplicabilidade da dispensa por justa causa antes da condenação criminal do empregado transitada em julgado: interpretação à luz da possibilidade de execução provisória da pena", aborda a temática sob uma perspectiva interpretativa mais abrangente, levando em consideração o contexto histórico no qual estava inserido o legislador trabalhista e a necessidade de uma aplicação sistêmica do conjunto de normas jurídicas constantes do nosso ordenamento jurídico. Por meio desse método, a autora aborda a possibilidade da demissão por justa causa ponderando os custos que um contrato de trabalho suspenso gera ao empregador.

Após, Clóvis Sapucaia de Araújo, em seu artigo "O dever de revelação da parte nas arbitragens comerciais que envolvem financiamento por terceiros. Análise à luz da preservação da garantia de independência e imparcialidade do árbitro", pondera o alto custo de um procedimento arbitral e a busca de empresas por financiamento para fazer frente àquele, seja por problemas de liquidez, seja por estratégia de deslocamento de riscos, dentre outros motivos. Ao abordar os parâmetros e as circunstâncias deste financiamento chamado Third Party Funding (TPF), o autor sustenta a imposição do dever de revelação do financiamento e da identificação de seu concedente, para adequadamente observar o princípio do devido processo legal e das regras estipuladas na Legislação Arbitral.

Na sequência, Diana Cristina Oliveira Costa apresenta seu artigo "Serviços on-line, publicidade e contratos de adesão: o direito de se permitir ser conhecido". Diante das novas aplicações do contrato por adesão no âmbito da internet, o artigo promove uma análise da validade da adesão do consumidor a essas avenças tidas como gratuitas, mas que na verdade exigem, como contraprestação à utilização dos serviços, o acesso contínuo aos dados pessoais de seus aderentes. Sob a ótica dos preceitos constitucionais do direito à privacidade e à intimidade, e ciente da condição de consumidor das pessoas que utilizam esses serviços enquanto destinatárias finais, a autora propõe que a "gratuidade" dos serviços ofertados, adjetivo utilizado pelas próprias empresas, comprometem os pressupostos de validade do contrato, uma vez que prejudicam a higidez da declaração de vontade do consumidor-aderente.

Já com o artigo de Mateus Socolowski, intitulado "Planejamento tributário: restituição de capital social e posterior alienação de participação societária por sócio pessoa física", o tema sempre importante do planejamento tributário marca presença neste volume. Afunilando sua análise para a operação de restituição de capital social e posterior alienação societária por sócio pessoa física, o autor pondera a alta carga tributária à qual estão sujeitas as empresas nacionais e faz uma reflexão sobre a legalidade da elisão fiscal que, por meio de um planejamento tributário lícito e estratégico, reduz os custos aplicáveis ao exercício mercantil da atividade desenvolvida. Cotejando as decisões do Conselho Administrativo de Recursos Fiscais, o artigo aponta para a legitimidade deste procedimento e para a necessidade de adequação da postura adotada pelo Fisco, cuja prática ainda contraria o entendimento majoritário do CARF.

Finalizando com chave de ouro esta obra, Tomás de Sampaio Góes Martins Costa apresenta seu artigo "A reparação de danos causados pela formação de cartel: uma análise dos problemas e perspectivas do Judiciário brasileiro à luz da experiência internacional". Nele, o autor analisa, dentre os variados problemas advindos das ilicitudes cometidas pelos cartéis, a reparação por danos concorrenciais. Por meio de uma análise dos sistemas brasileiro, norte-americano e europeu, e em constante cotejo com a Nota Técnica nº 24/2016 do Conselho Administrativo de Defesa Econômica, o autor apresenta as possíveis alternativas jurídicas e comerciais que possibilitariam, inclusive do ponto de vista financeiro, a adequada reparação cível dos prejuízos experimentados pelas pessoas físicas e jurídicas prejudicadas pela formação dos cartéis.

Como dito antes, as reflexões propostas por estes autores são de grande valia ao mundo empresarial, de modo que desejamos a todos uma excelente leitura.

PREFÁCIO

Bons filhos constroem suas casas

Há mais de 19 anos, os sempre queridos Dr. Jairo Saddi e a Professora Rachel Sztajn talvez não tivessem a menor ideia do que estavam plantando ao idealizar os programas de LL.M. do Insper, hoje composto por cinco cursos de pós-graduação *lato sensu* e mais de dez de curta duração somente na área do Direito. São mais de 1200 *alumni*, aproximadamente 850 alunos ativos, um corpo docente com mais de 100 talentosos e bem avaliados professores e mais de uma dezena de assistentes dedicados para aprimorar constantemente a chamada "experiência Insper". São histórias e mais histórias que ilustram o incrível "Insper Direito".

Sinto-me especialmente honrado hoje por prefaciar esta 3ª edição da já tradicional coleção "Estudos Aplicados de Direito Empresarial", mais um bem-sucedido projeto do Insper com a Editora Almedina Brasil, a maior do mundo em língua portuguesa e referência em publicações na área jurídica. A Coleção é novamente formada por cinco volumes, cada qual contendo as mais bem avaliadas monografias dos alunos formados pelos referidos programas de pós-graduação *lato sensu* em Direito do Insper. Tais discentes, não satisfeitos em cumprir um dos requisitos impostos pelo Ministério da Educação para a conclusão dos seus respectivos cursos, se desafiaram para alcançar um patamar ainda mais glorioso: contribuir com suas pesquisas para o mundo jurídico-empresarial. Dedicaram-se além do esperado, buscaram superar seus limites, escolheram temas pouco ou nunca explorados, aproveitaram o frutífero convívio com seu professor-orientador ao máximo e deram foco a esse objetivo extremamente nobre que é escrever não só para si próprio.

Os 25 textos que ora apresentamos são bem pesquisados, reportam-se a questões atuais e práticas do dia a dia da advocacia empresarial e não se prestam somente a rever o que já foi escrito, contribuindo efetivamente para o debate. Parabenizo cada autor pela publicação de suas ideias, pela conclusão de seu curso e aos queridos professores-orientadores pela genuína parceria e pelo carinhoso e diário trabalho junto aos seus pupilos. Só quem convive com alunos sabe o quão prazeroso é acompanhar o desenvolvimento de cada um, suas angústias, seu crescimento pessoal e suas vitórias.

Em meus quase 17 anos no Insper, aprendi e aprendo muita coisa como Coordenador Adjunto do programa LL.M. em Direito Societário, Coordenador Geral do Insper Direito e atualmente professor e prefaciador desta edição da Coleção. Aprendi uma nova profissão que é a docência e aflorei sentimentos como os da gratidão e do orgulho. Sinto-me hoje um pouco como vocês que escreveram ou que lerão estes belíssimos textos: bons filhos constroem, sim, suas casas. Boa leitura a todos!

André Antunes Soares de Camargo
Sócio de TozziniFreire Advogados e Professor do Insper

SUMÁRIO

A (In) Aplicabilidade da Dispensa por Justa Causa Antes da Condenação Criminal do Empregado Transitada em Julgado: Interpretação à Luz da Possibilidade de Execução Provisória da Pena

Ana Luiza de Albuquerque

1. Introdução

A Consolidação das Leis do Trabalho, editada em 1943, prevê em seu art. 482, causas que constituem justa causa para rescisão do contrato de trabalho pelo empregador. A alínea "d" do mencionado artigo traz a hipótese de aplicação da justa causa pós condenação criminal do empregado passada em julgado, caso não tenha havido suspensão da execução da pena.

A interpretação preliminar do artigo, sobretudo à luz da época em que foi editado, é a de que existindo condenação transitada em julgado, dar-se-ia início à execução da pena, pois ela se iniciava somente após o trânsito em julgado da sentença condenatória.

Ocorre que, na atual conjuntura da sociedade, observa-se o fenômeno do encarceramento em massa, sendo que quase metade da população carcerária encontra-se presa mediante prisão provisória, estando custodiada há mais de 90 dias[1].

[1] Conferir em: CONSELHO NACIONAL DE JUSTIÇA. Brasília, D.F, 2017. Disponível em: <http://www.cnj.jus.br/files/conteudo/arquivo/2016/02/b948337bc7690673a39cb5cdb10994f8.pdf>. Acesso em: 28 maio 2017, p.10.

Também não são raros os casos em que os acusados permanecem tempo desarrazoado encarcerados em regime de prisão cautelar, aguardando o julgamento da ação penal.

Ademais, o Supremo Tribunal Federal manifestou-se no sentido de que é possível o início da execução da pena após decisão condenatória em segunda instância, ainda sem o trânsito em julgado do acórdão, visto que eventuais recursos aos Tribunais Superiores não possuem efeito suspensivo.

Esse entendimento foi exarado em fevereiro de 2016 primeiramente em sede do Habeas Corpus nº 126292[2], confirmado em novembro de 2016 após julgamento do Recurso Extraordinário nº 964.24 com repercussão geral reconhecida e ratificado no julgamento do Habeas Corpus nº 152752 do ex presidente Luiz Inácio Lula da Silva.

Pergunta-se, após a relativização do cumprimento da pena antes do trânsito em julgado da decisão penal condenatória, bem como do atual cenário de encarceramento em massa, não seria necessário revisar a interpretação e aplicação do dispositivo legal autorizador da dispensa por justa causa em virtude de condenação criminal?

As normas jurídicas não se perpetuam com o simples texto legal, elas evoluem tal como a sociedade e precisam ser interpretadas e aplicadas em compatibilidade com a sociedade moderna.

Os dados demonstram que o Brasil é um país com excessivas prisões, sobretudo prisões preventivas que perduram, por vezes, todo o transcurso da ação penal, configurando espécie de execução provisória da pena.

Com isso, alguns questionamentos surgiram, como por exemplo, se a interpretação literal do artigo 482, alínea "d"

[2] Conferir em: BRASIL. Supremo Tribunal Federal. **Habeas Corpus nº 126.292**. Relator: Ministro Teori Zavascki, 17 fev. 2016. Disponível em: http://www.stf.jus.br/portal/processo/verProcessoAndamento.asp?incidente=4697570. Acesso em 28 de maio 2017.

estaria em consonância com a atual sociedade, sobretudo com as recentes interpretações emanadas pelo Supremo Tribunal Federal.

Na prática, a prisão antes do trânsito em julgado da sentença suspende o contrato de trabalho sem ônus para o empregador, que possui a liberdade de dispensar o empregado sem justa causa, arcando com as devidas verbas rescisórias[3].

Contudo, essa tese pode não ser suficientes para abarcar todas as situações do cotidiano empresarial. O colaborador que se encontra com o contrato de trabalho suspenso em virtude da percepção do auxílio doença, ou por qualquer outra situação, não poderá ser demitido sem justa causa, por força normativa, e permanecerá ativo no quadro de funcionários, muitas vezes gerando ônus para a empresa.

O Tema se faz polêmico, uma vez que se estuda a possibilidade de substituir a interpretação literal do dispositivo da justa causa pelo empregador previsto na CLT, sedimentado pela doutrina e jurisprudência, pela interpretação teleológica à luz das alterações do direito penal e dos recentes julgados autorizadores da execução da pena antes do trânsito em julgado da decisão penal condenatória.

[3] No dia 17 de maio de 2018 a 17ª Turma do Tribunal Regional do Trabalho da 2º Região decidiu, por unanimidade, ilegítima a aplicação da justa causa para o colaborador que se encontrava preso, haja vista que, segundo eles, na ocasião em que o trabalhador estava preso, **o contrato de trabalho estava suspenso** e que somente com a condenação transitada em julgado é que se poderia cogitar na aplicabilidade da hipótese prevista no artigo 482, letra "d", da CLT, se a execução da pena não tivesse sido suspensa. Conforme: BRASIL. Tribunal Regional do Trabalho da 2ª Região. **Recurso Ordinário nº 00001581620155020433**, 17ª Turma do Tribunal Regional do Trabalho de São Paulo, Desembargador Relator: Rilma Aparecida Hemetério, 17 maio 2018. Disponível em: < http://search.trtsp.jus.br/easysearch/cachedownloader?collection=coleta013&docId=4b2b56e625150aff3e81354c0cea53dcdeef8f3a&fieldName=Documento&extension=pdf#q=>. Acesso em 02 set. 2018.

Com o enfoque no dinamismo da sociedade, nas constantes alterações do processo penal e, partindo-se da premissa de que o sistema jurídico é aberto, talvez seja possível chegar-se a conclusão de que é viável a dispensa do colaborador por justa causa antes do trânsito em julgado da decisão penal condenatória.

Nessa hipótese, diversos contratos de trabalho, até então suspensos, poderão ser rescindidos por justa causa.

O artigo permeia os conceitos insertos no Direito do Trabalho, sobretudo os pontos atinentes ao contrato de trabalho e rescisão contratual; insertos no Direito Penal, no que tange aos dados do sistema carcerário, aos tipos de prisões e às formas de execuções das penas; insertos na Comunicação Empresarial, de modo que traz elementos e formas de interpretação dos dispositivos; e ainda conceitos de introdução ao estudo do direito e hermenêutica jurídica.

Todos esses conceitos são alinhados às decisões dos Tribunais Superiores, buscando-se aplicação prática aos conflitos em ambiente empresarial.

Neste cenário, o presente trabalho tem como finalidade verificar a possibilidade de interpretação da alínea "d" do art. 482 da CLT de forma diversa da gramatical, levando-se em consideração as mudanças introduzidas pela sociedade e pelas decisões do Supremo Tribunal Federal em matéria de execução provisória da pena.

O método escolhido foi o dedutivo de forma que por meio da análise de informação históricas e da interpretação teleológica, alinhada aos anseios da sociedade e às interpretações modernas, é possível chegar-se a uma conclusão do problema apresentado.

A pesquisa divide-se em três capítulos, o primeiro é destinado aos aspectos históricos da justa causa para rescisão do contrato de trabalho pelo empregador após condenação criminal transitada em julgado e a finalidade do legislador ao instituir tal situação no rol das justas causas.

O segundo capítulo é destinado a tratar dos requisitos para a aplicação da justa causa, das diferenças entre as prisões cautelares e a prisão pena e da forma como as prisões cautelares têm sido aplicadas.

O terceiro e último capítulo discorre acerca das prisões pena, da mudança de paradigma imposta pelo Supremo Tribunal Federal acerca da possibilidade de execução provisória da pena e verifica a possibilidade de aplicação dessa intepretação à seara trabalhista, no que tange à (im) possibilidade de dispensa do colaborador por justa causa antes do trânsito em julgado da decisão condenatória.

O artigo não tem como escopo discutir a (i) legalidade da atual aplicação das prisões cautelares, ou a eventual (in) constitucionalidade da possibilidade de execução provisória da pena antes do trânsito em julgado da decisão condenatória.

2. Aspectos Históricos da Justa Causa para Rescisão do Contrato de Trabalho pelo Empregador: Condenação Criminal

A relação de trabalho entre os detentores dos meios de produção e os empregados desenvolveu-se com desequilíbrio entre as partes, de forma que o Estado passou a intervir e regular a relação de trabalho por meio da criação de uma legislação trabalhista que garante ao empregado dentre outras prerrogativas, proteção em relação a superioridade econômica do empregador e garantia da manutenção do trabalho.

As primeiras normatizações brasileiras consolidadas que tratavam especificamente da temática do Direito do Trabalho foram aquelas editadas pelo presidente Getúlio Vargas, com a finalidade de organizar o mercado de trabalho decorrente da proliferação das industrias[4].

[4] Martins, Sergio Pinto. **Direito do Trabalho** – 31ª ed. São Paulo, Atlas, 2015, p. 11

Na era Vargas foram editados diversos decretos e normas esparsas, sendo que houve a necessidade de sistematização dessas regras, aprovando-se a Consolidação das Leis do Trabalho em 1943.

As normas criadas estabelecem que as relações de emprego sejam, em regra, formalizadas por meio de um contrato individual de trabalho, bilateral, consensual, oneroso e de trato sucessivo[5].

Para a validação do negócio jurídico, os agentes devem ser capazes, o objeto lícito e possível e a forma deve estar prescrita ou não defesa em Lei.

O contrato como sinalagmático possui duas obrigações principais: a obrigação da prestação do serviço por parte do empregado e a contraprestação de remunerar do empregador[6].

As relações de emprego são pautadas pela continuidade, habitualidade, onerosidade, pessoalidade e subordinação.

Em regra, o Estado na sua função social de combater o desemprego fixou regras e restrições às dispensas arbitrárias[7], visando proteger a continuidade da relação de emprego, de forma que, na maioria das situações, as obrigações se perpetuam por prazo indeterminado.

Especificamente no art. 482 da CLT os consolidadores das Leis trabalhistas se responsabilizaram por transcrever os motivos justos para rescisão do contrato de trabalho pelo empregador, uma vez que a regra é a da continuidade das relações de trabalho.

A justa causa teoricamente é a forma de dispensa decorrente de falta gravosa cometida pelo empregado que possibilita a cessação do contrato sem ônus ao seu empregador. O modelo brasileiro adotou o sistema taxativo, permitindo que a dispensa

[5] GOMES, Orlando e GOTTSCHALK, Elson. **Curso de Direito do Trabalho**. 19ª edição, Editora Gen, 201 p, 131.

[6] Ibidem, p. 209.

[7] GOMES e GOTTSCHALEK, op. cit., p. 402.

ocorresse em tal modalidade apenas nas hipóteses elencadas no art. 482 da CLT.[8]

Uma das hipóteses de justa causa para rescisão do contrato de trabalho pelo empregador é a prevista na alínea d, do art. 482 da CLT: condenação criminal do empregado, passada em julgado, caso não tenha havido suspensão da execução da pena.

Essa redação foi introduzida na ocasião da consolidação das Leis do Trabalho, pois, antes de ocorrer a sistematização dos decretos, a alínea *j* do art. 5º e o inciso II do art. 8º da Lei 62 de 1935 abordou essa possibilidade dentro da "força maior que impossibilitasse o empregador de manter o contrato de trabalho e achar-se o empregado inabilitado por força maior para cumprir o contrato"[9].

Segundo Antonio Lamarca[10], essa situação ocorreu para evitar a ideia de que a esfera penal não possui influências nas decisões da justiça do trabalho e que os fatos são apreciados de diferentes aspectos.

Isto posto, a condenação penal transitada em julgado com a imposição de pena privativa de liberdade, é indiscutivelmente justo motivo para rescisão do contrato por justa causa, haja vista que as duas obrigações principais que envolvem os contratos são: prestação pessoal do serviço pelo empregado e a remuneração pelo empregador[11], além de que, a prestação deverá ser não eventual.

Para Wagner Giglio[12], doutrinariamente a possibilidade de extinção do contrato por justa causa está vinculada, sobretudo, à

[8] Martins, op. cit., p. 413

[9] Lamarca, Antonio. **Manual das justas causas**. 2ª ed. rev. e ampl. São Paulo: ed. Revista dos Tribunais, 1983, p. 404.

[10] Ibidem, p. 404.

[11] Gomes e Gottschalk, op. cit., p. 209.

[12] Giglio, Wagner D. **Justa Causa**. 7ª ed. rev. e atual. São Paulo: Saraiva, 2000, p. 111.

impossibilidade material de seu cumprimento, mas não necessariamente por vontade das partes ou por culpa do empregado, o que para ele, em tese, torna a inserção no rol de justas causas imprópria em decorrência da ausência de ato faltoso do empregado.

Essa análise é feita por ele de acordo com a interpretação gramatical do artigo, porque ainda que haja condenação criminal transitada em julgado, se houver suspensão da execução da pena subsistirá o vínculo empregatício pela possibilidade de o colaborador trabalhar[13].

Isso significa que não importa a qualidade do crime cometido, ou o período fixado para cumprimento da pena, mas tão somente que ela inviabilize a prestação dos serviços por parte do empregado de forma pessoal, subordinada, e não eventual.

Poucos anos após a promulgação da Consolidação das Leis do Trabalho, o pleno do TST julgou processo no qual justificou-se a resolução pela alínea d do art. 482 da CLT, a impossibilidade física do trabalhador para a manutenção do contrato de trabalho[14]

Com esse pensamento, caso a condenação oportunizasse ao acusado o cumprimento da pena em casas de albergados, potencialmente poderia continuar a prestar seus serviços à empresa.

Ou seja, é evidente que a finalidade do legislador foi a de possibilitar a resolução do contrato pela impossibilidade de cumprimento do contrato pactuado *intuito personae* e não penalizar o colaborador condenado por um crime.

3. Dos Requisitos para Aplicação da Justa Causa: Abordagem Teleológica

No Direito do Trabalho, a ruptura da relação de emprego é prevista e regulada na legislação, sendo que a demissão que desonera o empregador do pagamento de multa do Fundo de

[13] Ibidem, p. 113.

[14] Pleno do TST, **Processo nº 6.698/45**; DJGB de 20.09.1951, p. 2.883, Rel. Min. Edgar Sanches; in A CLT vista pelo TST, p. 224.

Garantia por Tempo de Serviço (FGTS), aviso prévio indenizado, férias proporcionais acrescidas de um terço proporcional e 13º salário proporcional previstos na ocasião de dispensa, é a com justa causa.

Conforme já mencionado, a modalidade da justa causa está prevista no art. 482 da CLT, sendo interpretada como um rol taxativo de atos potencialmente praticados pelo empregado que representam séria violação das obrigações e dos deveres contraídos pelo colaborador[15].

Embora doutrinariamente a alínea destinada à condenação criminal transitada em julgado sem suspensão da pena não seja compreendida como falta grave do empregado a ensejar a justa causa assim como as demais situações, fato é que o legislador optou por permitir a ruptura contratual quando o empregador, condenado por um crime, estiver impossibilitado de executar o contrato de trabalho.[16]

3.1. Da Condenação Criminal Passada em Julgado e das Penas Privativas de Liberdade

Condenação Criminal significa que houve a conclusão de um processo criminal, no qual houve o efetivo reconhecimento da existência de um ilícito penal por parte do Réu, na maioria das vezes, impondo-lhe uma pena[17]

Na esfera trabalhista, o legislador impõe três requisitos para dispensa por justa causa: condenação criminal do empregado, trânsito em julgado e a não suspensão da execução da pena.

Os três requisitos alinhados indicam que haverá impossibilidade de cumprimento do contrato de trabalho por parte do empregado.

[15] Gomes e Gottschalk, op. cit., p. 380.

[16] Giglio, op. cit., p. 111.

[17] Giglio, op. cit., p. 114

Se bem que, na esfera penal, são três os tipos de penas potencialmente aplicadas ao condenado: pena restritiva de direitos, pena pecuniária e, a que merece enfoque, pena privativa de liberdade.

As penas privativas de liberdade merecem enfoque, pois são aquelas que, em regra, impossibilitam o acusado de executar o contrato de trabalho, pois o indivíduo encontra-se encarcerado, sem acesso aos meios de produção da empresa.

Nas penas privativas de liberdade, dependendo do regime a ser cumprido, a privação da liberdade ocorre somente de forma parcial, como nos casos dos regimes semiabertos ou abertos.

Em ambos os regimes mencionados, ainda que fixados após o trânsito em julgado da decisão condenatória e a fixação da pena, o cumprimento do contrato de trabalho poderia ser viabilizado, de forma que, dependendo da jornada de trabalho do colaborador, se entende não haver a resolução do contrato pela alínea "d" do art. 482 da CLT.

A polêmica gira em torno das penas cumpridas em regime fechado, sejam elas prisões cautelares, haja vista a proliferação de prisões nessa modalidade, ou prisões pena.

A prisão pena advém da imposição de uma sentença condenatória transitada em julgado constituindo efetiva sanção penal; é o castigo imposto pelo Estado ao infrator em resultado ao mal praticado, a fim de reestabelecer a ordem jurídica ofendida[18]; já as prisões cautelares são oriundas da necessidade de se obter uma investigação eficiente, sem interferências dos acusados[19].

Em que pese a literalidade da alínea d do art. 482 da CLT prever a aplicação da justa causa nos casos em que houver a prisão pena, faz-se necessário, neste primeiro momento, refletir

[18] TOURINHO FILHO, Fernando da Costa. **Manual de Processo Penal**. 15ª. ed. rev. e de acordo com a Lei 12.403/2011. São Paulo: Saraiva, 2012, p. 643.

[19] NUCCI, Guilherme de Souza. **Prisão, medidas alternativas e liberdade**: comentário à lei 12.403/2011. 5. ed. rev., atual. e ampl. – Rio de Janeiro: Forense, 2017, p. 23.

acerca do papel que as prisões cautelares têm desempenhado hodiernamente.

3.1.1. Das Prisões Cautelares

No Brasil, a liberdade é regra, enquanto a prisão, exceção. O direito à liberdade somente poderia ser cerceado de maneira legítima, havendo condenação criminal transitada em julgado.

Contudo, em caráter excepcional, a Lei admite a aplicação das prisões cautelares como forma de assegurar as investigações, ou seja, o curso do processo e, por vezes, garantir segurança à sociedade. Para sua decretação é necessário o preenchimento de diversos requisitos legais[20][21].

Das espécies de prisões cautelares, tomaremos como base a prisão preventiva, posto que tanto a prisão temporária quanto a prisão em flagrante poderão ser convertidas em prisão preventiva.

Em regra, a legislação brasileira não estabelece um limite para duração razoável do processo, tampouco da prisão preventiva, de sorte que, caso decretada poderá manter-se durante todo o transcurso do processo. Não são raros os casos em que a prisão preventiva funciona como medida antecipatória da pena.

Com o passar dos anos, a população brasileira cresceu, assim como o número de crimes praticados; os membros do ministério público e os juízes, passaram a utilizar as prisões cautelares de maneira excessiva e indiscriminada.

No informativo editado pela rede justiça criminal[22] em janeiro de 2016 constatou-se que em cinco anos houve aumento

[20] Ibidem, p. 23.

[21] Diversos são os tipos de prisões cautelares, a exemplo: prisão em flagrante, prisão preventiva, prisão em decorrência da pronúncia, prisão em decorrência da sentença condenatória recorrível, condução coercitiva de pessoa que se recuse injustificadamente a comparecer em juízo e prisão domiciliar.

[22] Conforme: REDE JUSTIÇA CRIMINAL. **Quais são os números da justiça criminal no Brasil?** Informativo rede justiça criminal, nº 08, jan. 2016. Dispo-

da população carcerária em 33%. No último informativo publicado pelo Departamento Penitenciário Nacional, em dezembro de 2014, mais de 622 mil pessoas encontravam-se encarceradas[23][24], sendo que no início da década de 90, haviam aproximadamente 90 mil presos.

Em dezembro de 2014, dos mais de 622 mil presos, 40% estariam presos em regime provisório e em complemento a esses números oficiais, o Conselho Nacional de Justiça em janeiro de 2017, colheu dados junto aos Tribunais de Justiça[25], e concluiu que o número atual de presos gira em torno de 654.372, sendo que 34% estariam presos em regime provisório.

Além do expressivo número de presos provisoriamente, os dados apontam que a grande maioria deles se encontra encarcerada há mais de 90 dias, ou seja, em tempo superior ao que seria razoável para instrução do procedimento do júri e instrução do processo e prolação de sentença[26].

Isso significa que a prisão cautelar moderna tem se estendido por anos, figurado como medida antecipatória da pena.

nível em: <http://www.cnj.jus.br/files/conteudo/arquivo/2016/02/b948337bc7690673a39cb5cdb10994f8.pdf>. Acesso em: 28 maio 2017, p.2.

[23] Conforme: MINISTÉRIO DA JUSTIÇA; DEPARTAMENTO PENITENCIÁRIO NACIONAL. **Levantamento Nacional de Informação Penitenciárias**, dez. 2014. Disponível em: <http://www.justica.gov.br/seus-direitos/politica-penal/documentos/infopen_dez14.pdf>. Acesso em: 28 de maio de 2017, p 6.

[24] O Brasil é a quarta nação com o maior número absoluto de presos no mundo, atrás dos Estados Unidos, China e Rússia. Ibidem, p. 6 e 7.

[25] Conforme: CONSELHO NACIONAL DE JUSTIÇA. **Reunião Especial de Jurisdição.** Jan. 2017. Disponível em: <http://www.cnj.jus.br/files/conteudo/arquivo/2017/02/b5718a7e7d6f2edee274f93861747304.pdf>. Acesso em 20 nov. 2017, p. 3

[26] Conforme: MINISTÉRIO DA JUSTIÇA; DEPARTAMENTO PENITENCIÁRIO NACIONAL. **Levantamento Nacional de Informação Penitenciárias**, jun. 2014. Disponível em: <http://www.justica.gov.br/noticias/mj-divulgara-novo-relatorio-do-infopen-nesta-terca-feira/relatorio-depen-versao-web.pdf>. Acesso em: 28 de maio de 2017, p.8.

Com este cenário é possível concluir que as prisões cautelares têm figurado como espécie de prisão pena, posto que aproximadamente 35% da população está encarcerada sem condenação criminal transitada em julgado, há mais de 90 dias, perdurando a restrição da liberdade, muitas vezes, até o trânsito em julgado da decisão condenatória[27].

Embora o sistema brasileiro imponha as prisões cautelares como a exceção extrema da garantia de liberdade do acusado e a Constituição Federal de 1988 imponha que todos têm direito à duração razoável do processo (art. 5º LXXVIII), o que se tem verificado na prática é uma enxurrada de prisões cautelares, por vezes, injustificadas e processos extremamente morosos, o que leva o acusado a cumprir a pena antes do trânsito em julgado da eventual sentença condenatória.

Convém exemplificar essa situação com o caso do rapaz "J.L.C.S" preso em flagrante em 17 de abril de 2014 pelo crime de roubo de veículo e por dirigir sem permissão ou habilitação. Sem adentrarmos no mérito, o que convém destacar é que após a prisão em flagrante, houve a conversão da prisão para modalidade preventiva.

O acusado permaneceu do dia 17 de abril de 2014 ao dia 31 de julho de 2017 preso preventivamente, ocasião em que a decisão condenatória transitou em julgado. A pena privativa de liberdade imposta ao Réu foi de 7 anos e 2 meses, sendo que durante três anos e três meses, ou seja, por quase metade do tempo da pena imposta, o Réu permaneceu recolhido, paradoxalmente, em cárcere temporário[28].

[27] Conforme: REDE JUSTIÇA CRIMINAL. **Quais são os números da justiça criminal no Brasil?** Informativo rede justiça criminal, nº 08, jan. 2016. Disponível em: <http://www.cnj.jus.br/files/conteudo/arquivo/2016/02/b948337bc7690673a39cb5cdb10994f8.pdf>. Acesso em: 28 maio 2017, p.7.

[28] Conforme: BRASIL. Tribunal de Justiça de São Paulo. **Apelação nº 001276394.2014.8.26.0405**, 12ª Câmara de Direito Criminal, Desembargador

Sem desconsiderar o ônus que a prisão preventiva acarreta para o acusado, seja ele culpado ou não, tal situação afeta diretamente as empresas empregadoras desses réus.

"J.L.C.S" era funcionário de uma empresa sediada em São Paulo e durante todo o período em que esteve preso preventivamente, recebeu benefícios de vale alimentação, vale gás e plano de saúde familiar[29].

O colaborador preso permaneceu ativo no sistema de dados do CAGED, aumentando o número de colaboradores para fins de cálculo de cota de aprendiz e portadores de deficiência da empresa em que laborava.

Diante dessa situação as empresas poderiam, incontestavelmente, considerar o contrato de trabalho suspenso (embora eventualmente tivesse que arcar com o pagamento de benefícios previstos em acordo ou convenção coletiva), ou demitir o colaborador sem justa causa.

Ocorre que em diversos casos o colaborador não poderá ser dispensado sem justa causa, por força de eventual afastamento,

Relator: Jaime Ferreira Menino, 26 abr. 2017. Disponível em: <https://esaj.tjsp.jus.br/cposg/search.do?conversationId=&paginaConsulta=1&localPesquisa.cdLocal=1&cbPesquisa=NUMPROC&tipoNuProcesso=UNIFICADO&numeroDigitoAnoUnificado=001276394.2014&foroNumeroUnificado=0405&dePesquisaNuUnificado=001276394.2014.8.26.0405&dePesquisa=&uuidCaptcha=&pbEnviar=Pesquisar>. Acesso em 28 out. 2017.

29 Grande parte das convenções coletivas não tratam especificamente de concessão de benefícios aos eventuais colaboradores que se encontram presos preventivamente, de forma que é possível entender pela garantia dos benefícios nos casos em que não houver exclusão expressa, ou determinação de pagamento somente a determinadas categorias. Toma-se como exemplo a convenção coletiva da categoria do Sindicato Nacional das empresas no Comércio e Derivados de Petróleo do ano de 2014 que na cláusula décima oitava determina que as empresas se obrigarão a contratar assistência médica para seus colaboradores, sem ressalvas. Conforme: SINDIGÁS. **Convenção Coletiva**. Federação São Paulo. 2014. Disponível em: http://www.sindigas.org.br/cct/2014/fedsp/SAOPAULO.pdf>. Acesso em 20 nov. 2017.

ou, ainda que seja possível, os valores das verbas rescisórias serão vultosos.

Não são apenas colaboradores de baixa renda que cometem crimes e estão suscetíveis às prisões cautelares e à polêmica situação com relação a seus contratos de trabalho.

O Brasil tem enfrentado um dos maiores processos de investigação de lavagem de dinheiro e corrupção envolvendo empresários, gerentes e demais colaboradores de grandes empreiteiras, refinarias, empresas de comunicação e outras[30].

O custo da Rescisão do contrato de trabalho desses colaboradores é muito alto.

De qualquer forma, independente das situações de prisão preventiva de colaboradores das empresas que acarretem ônus pela ausência do colaborador, ou até mesmo patrimonial para as empresas, entende-se que a prisão preventiva por si só, em sua essência, não enseja a resolução do contrato por justa causa.

O entendimento do doutrinador Wagner Giglio[31] no ano de 2000, era de que se a prisão perdurar por tempo desarrazoado, o contrato deveria ser considerado resolvido, à luz do art. 879 do Código Civil de 1916, hoje presente no Código Civil de 2002 no art. 248: "se a prestação do fato se tornar impossível sem a culpa do devedor, resolver-se-á a obrigação, se por culpa dele, responderá por perdas e danos".

[30] Na 46ª Operação da Lava Jato foi preso o ex gerente da Petrobrás Luis Carlos Moreira da Silva, a fim de evitar a destruição de provas. Conforme: MARRA, Renan e ALBUQUERQUE, Ana Luiza. **PF prende ex gerente da Petrobrás na Lava Jato por destruição de provas**. Folha de São Paulo Digital, 20 out. 2017. Seção Política/Poder/Lava Jato. Disponível em: <http://www1.folha.uol.com.br/poder/2017/10/1928660-pf-cumpre-mandados-em-operacao-sobre-desvios-na-petrobras.shtml>. Acesso em 20 nov. 2017.

[31] GIGLIO, op. cit., p. 121.

> Basta, como regra, que a prisão se prolongue por vários dias, para que o contrato se resolva, em face da falta de prestação de serviços. Não é possível, entretanto, fixar aprioristicamente um número x de dias, uma vez que ao Direito repugnam os critérios baseados em fórmulas matemáticas [...] caberá ao julgador apurar se o prejuízo do empregado foi notório, para determinar, em cada caso concreto, a duração da ausência que motiva a resolução do contrato.

O importante é que a interpretação deve estar alinhada com a real finalidade do legislador no momento da redação da alínea "d" do artigo da justa causa, que ao que parece, era a de permitir a resolução pela impossibilidade de cumprimento do contrato por parte do trabalhador.

4. Das Prisões Pena e da Possibilidade de Execução Provisória da Pena: Habeas Corpus 126/292 SP e Recurso Extraordinário 964.246

Todos os acusados têm direito ao devido processo legal, contudo, por vezes, aguardam a investigação e a instrução em prisões preventivas, conforme já explanado. Ocorre que, diferentemente das prisões cautelares que podem ser revogadas a qualquer instante devido a seu caráter cautelar, as prisões oriundas de condenação penal transitada em julgado são aquelas definitivas na qual o Réu fica submetido aos efeitos da decisão prolatada e permanece com a sua liberdade cerceada[32].

Em regra, a execução da pena se iniciava somente após o trânsito em julgado da sentença condenatória. O sistema se pautava nessa sistemática entendendo que tal situação resguardava o princípio da presunção de inocência imposto pela Constituição Federal do Brasil de 1988.

[32] NUNES, Adeildo. **Da Execução Penal**. 3ª ed. rev. e atual. Rio de Janeiro: Forense, 2013, p. 62.

Nesse racional é que os juízes do trabalho interpretavam que a dispensa por justa causa somente poderia ocorrer após o trânsito em julgado da sentença penal condenatória, pois anteriormente a esse fato as prisões cautelares poderiam ser revogadas ou durariam período razoável (não tinham a feição que possuem atualmente), o que justificaria certa tolerância para suspensão do contrato de trabalho, mas não para resolução.

De qualquer forma, a aplicação da prisão pena ao acusado é indiscutivelmente motivo ensejador da justa causa trabalhista, posto que a condenação estará determinada, sem possibilidade de reforma.

O termo inicial da execução da pena foi discutido e alterado por diversas vezes pelo Supremo Tribunal Federal, de acordo com as mudanças da realidade fática, com a releitura dos princípios de justiça e a percepção do Direito.

Segundo Maria Helena Diniz[33] os juízes e tribunais constantemente estabelecem novos precedentes e orientações porque os valores se alteram e sofrem mutações naturais oriundas do dinamismo da vida social.

O direito deve adaptar-se às exigências e necessidades da sociedade e não possui um aspecto imutável, mas progressivo.[34]

No ano de 2009 o Supremo Tribunal havia consolidado jurisprudência no sentido de que o princípio da inocência se mostra incompatível com a execução da pena antes do trânsito em julgado da condenação[35]

[33] DINIZ, Maria Helena. **As Lacunas no Direito.** 8ª ed. adaptada ao novo código civil (Lei 10. 406, de 10-1-2002) – São Paulo: Saraiva, 2007, p. 73.

[34] DINIZ, op.cit., p 73.

[35] Conforme: BRASIL. Supremo Tribunal Federal. **Habeas Corpus nº 84.078.** Relator: Ministro Eros Grau, 05 dez. 2009. Disponível em: <http://www.stf.jus.br/arquivo/cms/noticiaNoticiaStf/anexo/ementa84078.pdf>. Acesso em 28 maio 2017.

Ocorre que, no ano de 2016, o Supremo Tribunal Federal alterou novamente o entendimento sobre o momento a partir do qual era legítimo o início da execução da pena, decidindo acerca da possibilidade de início após condenação criminal confirmada em segunda instância e antes do trânsito em julgado da condenação.

Essa mutação constitucional/penal é fundamental e possui interferência direta na esfera trabalhista, pois o termo inicial da possibilidade de execução da pena foi antecipado para antes do trânsito em julgado da decisão condenatória.

Convém trazer à baila as discussões que envolvem essa interpretação e os principais argumentos traçados pelos Ministros do Supremo Tribunal Federal.

A mudança de paradigma após o ano de 2009, ocorreu incialmente no julgamento do HC 126.292/SP[36], em fevereiro de 2016 e posteriormente no julgamento do Recurso Extraordinário nº 964.246, com repercussão geral reconhecida.

No primeiro caso, discutiu-se ato do desembargador do TJSP que mandou expedir ordem de prisão ao Réu que teve sua condenação confirmada em segunda instância.

O processo esteve sob a relatoria do Ministro Teori Zavascki que em seu voto indeferiu o pedido de Habeas Corpus, alegando que em outras oportunidades o STF já decidiu que o princípio da presunção de inocência não inibia a execução provisória da pena, ainda que pendente Recurso Especial ou Extraordinário, posto que ambos não possuem efeito suspensivo e não impedem o cumprimento do mandado de prisão.

Para o Ministro Relator, a eventual condenação passa por um juízo de admissibilidade e em regime de contraditório no

[36] Conforme: BRASIL. Supremo Tribunal Federal. **Habeas Corpus nº 126.292.** Relator: Ministro Teori Zavascki, 17 fev. 2016. Disponível em: <http://www.stf.jus.br/portal/processo/verProcessoAndamento.asp?incidente=4697570>. Acesso em 28 maio 2017.

curso da ação penal e após a sentença de 1ª instância fica superada a presunção de inocência, embora não superada em definitivo, já que sujeito à revisão por Tribunal de instância superior.

Após decisão proferida em Acórdão pelo Tribunal, ficam exauridos os fatos e as provas e os recursos Especiais e Extraordinários estão adstritos apenas à matéria de direito.

Aduz ainda que a execução da pena após decisão de 2ª instância não afeta o núcleo essencial da não culpabilidade, na medida em que o acusado foi tratado como inocente durante todo o processo ordinário criminal, observados as garantias a ele inerentes.

Demonstrou com diversos exemplos[37] que em país nenhum do mundo a pena imposta ao acusado condenado após o duplo grau de jurisdição fica suspensa aguardando a sabatina da Suprema Corte.

A polêmica que engloba o aguardo do trânsito em julgado para início da execução da pena está relacionada à massiva quantidade de recursos protelatórios que por vezes resultam na extinção da punibilidade dos criminosos que acabam por inibir a efetividade da jurisdição penal.

Com a mesma posição o Ministro Edson Fachin pontuou que o princípio da presunção de inocência tem que ser observado juntamente com os demais princípios previstos na Constituição Federal, a fim de se analisar o sistema constitucional de forma global. Ele entende que as instâncias ordinárias são soberanas no que tange à análise de fatos e provas e que precisam ser levadas em consideração, sob pena de desconfiança de todo o sistema de hierarquia[38].

[37] Países como Inglaterra, Espanha, Canadá Portugal e Estados Unidos, conforme: BRASIL. Supremo Tribunal Federal. **Habeas Corpus nº 126.292**. Relator: Ministro Teori Zavascki, 17 fev. 2016. Disponível em: <http://www.stf.jus.br/portal/processo/verProcessoAndamento.asp?incidente=4697570>. Acesso em 28 maio 2017. p.22

[38] Ibidem, p.23

O Ministro Barroso faz uma profunda avaliação em seu voto, alegando que a Constituição brasileira não condiciona a prisão ao trânsito em julgado da sentença criminal, mas à culpabilidade. Alega que o princípio da presunção de inocência adquire menor peso após o duplo grau de jurisdição e ao ser ponderado com o interesse da efetividade da Lei penal.

Pontua que a possibilidade de execução antecipada da pena reduz incentivos à criminalidade, especialmente no que tange aos crimes de colarinho branco. Discorre que se torna difícil prender um agente político ou empresário que comete uma fraude, porque seus bons advogados garantem quem até o trânsito em julgado da sentença condenatória, o crime possivelmente estará prescrito[39], ou, poderão haver benefícios decorrentes da idade do agente ou de outras condicionantes mais.

Barroso trouxe à baila números que demonstraram que de 2009 até 2016 0,1% dos Recursos Especiais e Extraordinários absolutórias haviam sido providos e por essas razões entendeu que o sistema brasileiro aceita a possibilidade de execução provisória da pena antes do trânsito em julgado da decisão[40].

Destaca-se que esse entendimento confere aos desembargadores a faculdade de impor a execução da pena antecipada, ou não. Não se trata de uma obrigatoriedade e cada caso deverá ser analisado individualmente.

[39] Utiliza como exemplo o caso envolvendo o superfaturamento da obra do Fórum Trabalhista de São Paulo que o ex-senador Luiz Estêvão, foi condenado em 2006 a 31 anos de reclusão, por crime ocorrido em 1992 e diante da interposição de 34 recursos, a execução da sanção veio a ocorrer em 2016, às vésperas da prescrição, quando transcorridos mais de 23 anos da data dos fatos., Ibidem, p. 20.

[40] Conforme: BRASIL. Supremo Tribunal Federal. **Habeas Corpus nº 126.292**. Relator: Ministro Teori Zavascki, 17 fev. 2016. Disponível em: <http://www.stf.jus.br/portal/processo/verProcessoAndamento.asp?incidente=4697570>. Acesso em 28 maio 2017., p. 31, 32 e 33.

Por óbvio que as penas restritivas de direito e, sobretudo, privativas de liberdade, devem ser aplicadas em caráter excepcional e, para sua aplicação, deverão existir elementos probatórios que justifiquem a aplicação de tal medida antes do trânsito em julgado da decisão.

O direito penal tem enfrentado uma mudança significativa nos últimos anos. Desde a década de 90 foram promulgadas inúmeras Leis instituindo novos tipos penais e, consequentemente, aumentou-se o número de prisões[41].

Essa evolução, juntamente ao fato da crise política que o país enfrentou com o processo do Mensalão e que tem enfrentado com o processo da Lava Jato, tem feito a sociedade clamar por punições mais severas e efetivas.

Nessa seara, o Supremo Tribunal Federal pelo voto de 6x5, decidiu em sede de HC 126.292 pela retomada da possibilidade de execução provisória da pena, ou seja, a possibilidade da prisão pena antes do trânsito em julgado da decisão condenatória[42].

No segundo caso, poucos meses após o julgamento do HC, em sede de Recurso Extraordinário, foi reconhecida repercussão geral da matéria e por 6x4 votos foi reafirmada jurisprudência no sentido da possibilidade da execução provisória da pena antes do trânsito em julgado da sentença[43].

[41] Toma-se como exemplo a criação dos crimes contra as Relações de Consumo, Lei 8.078/1990; dos delitos de Lavagem de Capitais, Lei 9.613/1998; dos crimes Organizados, Lei 12.850/2013 e dos crimes contra a Ordem Econômica, Lei 8.137/1990.

[42] Votaram a favor da execução provisória os Ministros: Teori Zavask; Edson Fachin; Luís Fux; Carmem Lúcia; Gilmar Mendes e Luis Roberto Barroso. Pela impossibilidade votaram: Dias Toffoli; Marco Aurélio; Celso de Mello, Ricardo Lewandowski e Rosa Weber.

[43] BRASIL. Supremo Tribunal Federal. **Recurso Extraordinário nº 964.246.** Relator: Ministro Teori Zavaski, 10 nov. 2016. Disponível em: <http://redir.stf.jus.br/paginadorpub/paginador.jsp?docTP=TP&docID=12095503>. Acesso em: 28 maio 2017.

No dia 05 de abril de 2016, por meio do julgamento do Habeas Corpus do ex presidente Luiz Inácio Lula da Silva, o Supremo Tribunal Federal ratificou a decisão proferida anteriormente no HC 126.292, mantendo o entendimento de possibilidade de execução provisória da pena antes do trânsito em julgado da decisão condenatória[44].

A interpretação gramatical da alínea d do art. 482 da CLT é a de que se autoriza a dispensa por justa causa após decisão condenatória transitada em julgado, pois nessa seara a decisão de aplicação da pena seria, em regra, imutável.

A interpretação gramatical é o passo preliminar de exame das palavras, a fim de auxiliar o intérprete na busca do verdadeiro significado jurídico. Contudo não pode ser considerado o único ou mais importante método[45].

Há outros métodos interpretativos que deverão auxiliar conjuntamente na busca pelo significado e melhor aplicação das normas. O método racional visa buscar o que o legislador queria dizer independentemente do que registrou no texto, tal como o método teleológico visa buscar a intepretação das leis de acordo com a sociedade em que estão inseridas, objetivando sua melhor aplicação na sociedade a que estão voltadas[46].

Entende-se que a real intenção do legislador era a de possibilitar a resolução do contrato quando houvesse efetiva impossibilidade de seu cumprimento e, no caso, na época das consolidações, a prisão pena, advinda após trânsito em julgado da decisão condenatória, foi determinada como óbice.

[44] Conforme: BRASIL. Supremo Tribunal Federal. **Habeas Corpus nº 152.752.** Relator: Ministro Edson Fachin, 05 abr. 2018. Disponível em: < http://portal.stf.jus.br/processos/detalhe.asp?incidente=5346092f>. Acesso em 02 set. 2018.

[45] Friede, Reis. **Ciência do Direito**, norma, interpretação e hermenêutica jurídica. 9ª ed. São Paulo: Manole, p. 164.

[46] Ibidem, p. 168.

Ocorre que, com a mudança de paradigma, autorizando a aplicação da pena antes do trânsito em julgado da decisão condenatória, o termo inicial da efetiva impossibilidade de cumprimento do contrato de trabalho foi antecipado para momento anterior ao do trânsito em julgado.

As normas jurídicas não podem ser consideradas estáticas e devem sofrer mutações tais quais a sociedade em que estão inseridas.

Nesse sentido é que se entende que a alteração de posicionamento na esfera penal constitucional reflete na esfera trabalhista, pois o sistema jurídico é uno e interligado, o que faz com que a decisão do Supremo Tribunal Federal seja aplicada também nos casos de resolução do contrato de trabalho, haja vista uma leitura racional, teleológica e una da legislação.

5. Considerações Finais

Em 1943 a sociedade foi agraciada com a promulgação da consolidação das Leis do Trabalho. No art. 482 da CLT o legislador introduziu as causas em que seria possível o empregador rescindir o contrato de trabalho por justa causa.

Uma das causas seria a condenação penal do empregado após trânsito em julgado e sem que houvesse suspensão da aplicação da pena, ou seja, entendeu o legislador que a impossibilidade de cumprimento físico do contrato por parte do empregado, seria motivo justo para resolução do contrato.

Durante todos esses anos a aplicação do artigo foi realizada de forma literal. Ocorre que as normas jurídicas não se perpetuam com o simples texto legal, elas evoluem tal como a sociedade e precisam ser interpretadas e aplicadas em compatibilidade com a sociedade moderna.

De 1943 até os dias atuais a sociedade modificou-se, sobretudo no que tange ao Direito Penal, a tipificação de crimes e à aplicabilidade das penas e das prisões.

Criaram-se novos tipos penais e a sociedade tem clamado pelo reforço na aplicação das penas. Muitos políticos e executivos foram presos e condenados por crimes de corrupção e lavagem de dinheiro.

Restou demonstrado que o Brasil é um dos países com a maior quantidade de presos, sobretudo em regime cautelar. Também se verificou que muitas dessas prisões não possuem prazo máximo e que por vezes os acusados permanecem durante todo o transcurso do processo penal encarcerados[47] em uma espécie de cumprimento antecipado da pena, impossibilitando o acusado de cumprir eventual contrato de trabalho.

Além disso, acompanhou-se que em fevereiro e outubro de 2016 o STF decidiu que o início da execução da pena poderá ocorrer antes do trânsito em julgado da decisão condenatória, alterando um entendimento sedimentado por anos.

Sem adentrar na discussão sobre a (i)legalidade das prisões cautelares tal como estão sendo aplicadas, assim como sobre a (in) constitucionalidade das decisões autorizadoras do Supremo Tribunal Federal no que diz respeito a execução da pena antes do trânsito em julgado da condenação penal, essas situações possuem interferência direta no dia a dia das empresas e dos trabalhadores réus das ações penais.

Os colaboradores, por vezes, são encarcerados e afastados de seu ambiente de trabalho, impossibilitando a execução do trabalho nas dependências da empresa.

Mesmo com o contrato de trabalho supostamente suspenso, algumas empresas são obrigadas a pagar benefícios aos presos por

[47] No Brasil, a Justiça Estadual leva em média 04 anos para proferir sentença em 1ª instância em um processo penal. Conforme: BRETAS, Valéria. **Quanto tempo a justiça do Brasil leva para julgar um processo?** Revista Exame. Brasil, 1 nov. 2016. Seção Direito. Disponível em: <https://exame.abril.com.br/brasil/quanto-tempo-a-justica-do-brasil-leva-para-julgar-um-processo/>. Acesso em: 15 nov. 2017.

força de convenção coletiva e são obrigadas a manter o colaborador ativo em seu quadro de funcionários, o que impacta no número de aprendizes e portadores de deficiente que deverão contratar.

Além disso, não é sempre que o empregador poderá dispensar o acusado preso sem justa causa. O contrato do colaborador poderá estar suspenso por motivo de doença, ou qualquer outro motivo prevista na legislação e, essa modalidade pode ser custosa, considerando o período laborado e a natureza do cargo ocupado pelo preso.

Tais alterações da sociedade e situações levam a concluir que é possível resolver o contrato de trabalho do empregado por justa causa nos casos em que a prisão cautelar durar prazo desarrazoado e nos casos em que o Tribunal entender necessária a aplicação da execução provisória da pena após condenação em 2ª instância, por tratarem-se de fatores que impossibilitam o cumprimento pessoal do contrato de trabalho, real motivo ensejador da dispensa, determinado pelo legislador de 1943.

Referências

BRETAS, Valéria. **Quanto tempo a justiça do Brasil leva para julgar um processo?** Revista Exame. Brasil, 1 nov. 2016. Seção Direito. Disponível em: <https://exame.abril.com.br/brasil/quanto-tempo-a-justica-do-brasil-leva-para-julgar-um-processo/>. Acesso em: 15 nov. 2017.

CONSELHO NACIONAL DE JUSTIÇA. Novo Diagnóstico de Pessoas Presas no Brasil. **Departamento de monitoramento e fiscalização do sistema carcerário e do sistema de execução de medidas socioeducativas – DMF**. Brasília, D.F, jun. 2014. Disponível em: <http://www.cnj.jus.br/images/imprensa/diagnostico_de_pessoas_presas_correcao.pdf>. Acesso em: 28 maio 2017. 17p.

CONSELHO NACIONAL DE JUSTIÇA. **Reunião Especial de Jurisdição**. Brasília, D.F, Jan. 2017. Disponível em: <http://www.cnj.jus.br/files/conteudo/arquivo/2017/02/b5718a7e7d6f2edee274f93861747304.pdf>. Acesso em 20 nov. 2017

DINIZ, Maria Helena. **As Lacunas no Direito**. 8ª ed. adaptada ao novo código civil (Lei 10. 406, de 10-1-2002) – São Paulo: Saraiva, 2007. 317p.

Friede, Reis. **Ciência do Direito, norma, interpretação e hermenêutica jurídica**. 9ª ed. São Paulo: Manole, 2015. 224p.

Giglio, Wagner D. **Justa Causa**. 7ª ed. rev. e atual. São Paulo: Saraiva, 2000. 434p.

Gomes, Orlando e Gottschalk, Elson. **Curso de Direito do Trabalho**. 19ª ed. Rio de Janeiro: Editora Forense, 2011. 797p.

Lamarca, Antonio. **Manual das justas causas**. 2ª ed. rev. e ampl. São Paulo: Revista dos Tribunais, 1983. 642p.

Marra, Renan e Albuquerque, Ana Luiza. **PF prende ex gerente da Petrobrás na Lava Jato por destruição de provas**. Folha de São Paulo Digital, 20 out. 2017. Seção Política/Poder/Lava Jato. Disponível em: <http://www1.folha.uol.com.br/poder/2017/10/1928660-pf-cumpre--mandados-em-operacao-sobre-desvios-na-petrobras.shtml>. Acesso em 20 nov. 2017.

Martins, Sergio Pinto. **Direito do Trabalho.** 31ª ed. São Paulo: Atlas, 2015. 1040p.

MINISTÉRIO DA JUSTIÇA; DEPARTAMENTO PENITENCIÁRIO NACIONAL. **Levantamento Nacional de Informação Penitenciárias**. Brasília, jun. 2014. Disponível em: < http://www.justica.gov.br/noticias/mj-divulgara-novo-relatorio-do-infopen-nesta-terca-feira/relatorio-depen-versao-web.pdf>. Acesso em: 28 maio 2017. 148p.

______.______. Brasília, dez. 2014. Disponível em: http://www.justica.gov.br/seus-direitos/politica-penal/documentos/infopen_dez14.pdf. Acesso em: 28 maio 2017. 80p.

Nucci, Guilherme de Souza. **Prisão, medidas alternativas e liberdade**: comentário à lei 12.403/2011. 5. ed. rev., atual. e ampl. – Rio de Janeiro: Forense, 2017. 192p.

Nunes, Adeildo. **Da Execução Penal**. 3ª ed. rev. e atual. Rio de Janeiro: Forense 2013. 416p.

REDE JUSTIÇA CRIMINAL. Quais são os números da justiça criminal no Brasil? **Informativo rede justiça criminal**, nº 08. Brasília, jan. 2016. Disponível em: <http://www.cnj.jus.br/files/conteudo/arquivo/2016/02/b948337bc7690673a39cb5cdb10994f8.pdf>. Acesso em: 28 maio 2017. 16p.

SINDIGÁS. **Convenção Coletiva da federação de São Paulo**. Rio de Janeiro, 2014. Disponível em: http://www.sindigas.org.br/cct/2014/fedsp/SAO-PAULO.pdf>. Acesso em 20 nov. 2017. 19p.

Tourinho Filho, Fernando da Costa. **Manual de Processo Penal**. 15ª. ed. rev. e de acordo com a Lei 12.403/2011. São Paulo: Saraiva, 2012. 1033p.

Legislação e Jurisprudência

BRASIL. **Decreto Lei nº 5452, de 01 de maio de 1943**. Disponível em: <http://www.planalto.gov.br/ccivil_03/decreto-lei/Del5452.htm>. Acesso em 29 maio 2017.

BRASIL. **Lei nº 10.406, de 10 de janeiro de 2002**. Disponível em: <http://www.planalto.gov.br/ccivil_03/leis/2002/L10406.htm>. Acesso em 29 maio 2017.

BRASIL. Supremo Tribunal Federal. **Ação Direta de Constitucionalidade nº 43 e 44**. Relator: Ministro Marco Aurélio, 05 out. 2016. Disponível em: <http://www.stf.jus.br/portal/processo/verProcessoAndamento.asp?incidente=4986065>. Acesso em 28 maio 2017.

BRASIL. Supremo Tribunal Federal. **Habeas Corpus nº 84.078**. Relator: Ministro Eros Grau, 05 fev. 2009. Disponível em: <http://www.stf.jus.br/arquivo/cms/noticiaNoticiaStf/anexo/ementa84078.pdf>. Acesso em 28 maio 2017.

BRASIL. Supremo Tribunal Federal. **Habeas Corpus nº 126.292.** Relator: Ministro Teori Zavascki, 17 fev. 2016. Disponível em: <http://www.stf.jus.br/portal/processo/verProcessoAndamento.asp?incidente=4697570>. Acesso em 28 maio 2017.

BRASIL. Supremo Tribunal Federal. **Habeas Corpus nº 152.752**. Relator: Ministro Edson Fachin, 05 abr. 2018. Disponível em: <http://portal.stf.jus.br/processos/detalhe.asp?incidente=5346092f>. Acesso em 02 set. 2018.

BRASIL. Supremo Tribunal Federal. **Recurso Extraordinário nº 964.246**. Relator: Ministro Teori Zavaski, 10 nov. 2016. Disponível em: <http://redir.stf.jus.br/paginadorpub/paginador.jsp?docTP=TP&docID=12095503>. Acesso em: 28 maio 2017.

BRASIL. Tribunal de Justiça de São Paulo. **Apelação nº 001276394.2014.8.26.0405**, 12ª Câmara de Direito Criminal, Desembargador Relator: Jaime Ferreira Menino, 26 abr. 2017. Disponível em: <https://esaj.tjsp.jus.br/cposg/search.do?conversationId=&paginaConsulta=1&localPesquisa.cdLocal=1&cbPesquisa=NUMPROC&tipoNuProcesso=UNIFICADO&numeroDigitoAnoUnificado=001276394.2014&foroNumeroUnificado=0405&dePesquisaNuUnificado=001276394.2014.8.26.0405&dePesquisa=&uuidCaptcha=&pbEnviar=Pesquisar>. Acesso em 28 out. 2017.

BRASIL. Tribunal Regional do Trabalho da 2ª Região. **Recurso Ordinário nº 00001581620155020433**, 17ª Turma do Tribunal Regional do Trabalho de São Paulo, Desembargadora Relatora: Rilma Aparecida Hemetério, 17 maio 2018. Disponível em: <http://search.trtsp.jus.br/easysearch/cachedownloader?collection=coleta013&docId=4b2b56e625150aff3e81354c0cea53dcdeef8f3a&fieldName=Documento&extension=pdf#q=>. Acesso em 02 set. 2018.

BRASIL. Tribunal Superior do Trabalho. **Agravo de Instrumento em Recurso de Revista nº 1681-42.2012.5.15.0066.** Relatora: Ministra Sueli Gil El Rafihi, 12 dez. 2014. Disponível em: <http://www.tst.jus.br/web/guest/processos-do-tst>. Acesso em 28 maio 2017.

O Dever de Revelação da Parte Financiada nas Arbitragens Comerciais que Envolvem Financiamento por Terceiros. Análise à Luz da Preservação da Garantia de Independência e Imparcialidade do Árbitro

Clóvis Sapucaia de Araújo

1. Introdução

Parece ser uma tendência na atualidade que empresas optem pela arbitragem à resolução de disputas originadas de suas relações contratuais. Em grande parte, isso se deve às vantagens que a arbitragem pode oferecer em relação à jurisdição estatal.

A arbitragem se torna atrativa no âmbito das relações empresariais por oferecer, dentre outros benefícios: (a) celeridade no julgamento definitivo; (b) dever de confidencialidade, que pode ser estabelecido entre às partes e aos árbitros, durante e após a arbitragem; (c) a possibilidade de escolha dos julgadores; (d) a especialidade das decisões; e (d) a possibilidade de escolha da lei a ser aplicada, bem como os critérios de julgamento.[1]

Ao optarem pela arbitragem, as partes renunciam à jurisdição estatal e se submetem à jurisdição arbitral. A sentença arbitral não sofre intervenção do poder judiciário, senão em

[1] Rabay, Arthur. Princípios da Arbitragem. **Revista da AGU**, Brasília/DF, v. 12, p. 89-108, jan-mar. 2014. Disponível em: www.agu.gov.br/page/download/index/id/20999214. Acesso em 21 de outubro de 2017.

hipóteses expressamente previstas no artigo 32, da Lei nº 9.307, de 23 de setembro de 1996 ("LA").[2]

Ocorre que, ao passo que a arbitragem oferece essa série de vantagens, recorrer a ela pode significar desembolsos vultosos para o custeio do procedimento. O custo de litigar é elevado[3], especialmente quando se fala em arbitragem.

Pode-se citar as seguintes despesas à instauração de um procedimento arbitral: (a) custas de instauração do procedimento perante a câmara de arbitragem (caso uma tenha sido eleita pelas partes na cláusula compromissória, o que comumente ocorre nos contratos empresariais); (b) honorários de advogado; (c) honorários dos árbitros; (d) honorários de peritos e assistentes técnicos; (e) dentre outras despesas.

Para se ter uma noção, no Centro de Arbitragem e Mediação da Câmara de Comércio Brasil-Canadá (CAM-CCBC), que em 2015 respondeu por mais de 50% das arbitragens brasileiras, o custo para uma demanda arbitral cujo valor envolvido seja de R$ 50.000.000,00 (cinquenta milhões de reais), beiraria a quantia de R$ 1.000.000,00 (um milhão de reais), sendo: R$ 500.000,00 (quinhentos mil reais) para pagamento dos árbitros (geralmente três), aproximadamente de R$ 100.000,00 (cem mil reais) em taxas de administração, além das despesas com eventuais perícias e honorários advocatícios[4].

Diante deste aspecto, bem como levando em conta o atual cenário econômico do Brasil, empresas nacionais que tenham optado pela arbitragem podem se ver desencorajadas ou mesmo

[2] Idem, 2014.

[3] BUCKER, Fátima Cristina Bonassa. **Demandas financiadas: *Third Party Funding*.** Revista do Advogado nº 131. São Paulo: AASP – Associação dos Advogados de São Paulo, 2016. p. 75.

[4] BACELO, Joice. Fundos brasileiros começam a investir em disputas arbitrais. **Valor Econômico**, São Paulo, 28 de julho de 2016, disponível em http://www.valor.com.br/legislacao/4650007/fundos-brasileiros-comecam-investir-em-disputas-arbitrais. Acesso em 21 de outubro de 2017.

impedidas de buscar a satisfação de seus direitos, ou mesmo se defender adequadamente perante o juízo arbitral.

É certo que, em certas hipóteses, o ato de assumir os gastos de eventual arbitragem pode conflitar com decisões de investimento relevantes das empresas ou mesmo prejudicar o planejamento do fluxo de caixa, de modo a criar óbices ao cumprimento de obrigações já constituídas.

Além disso, há também a situação de empresas em crise de liquidez que, diante de sua submissão à jurisdição arbitral e a impossibilidade de obtenção de assistência judiciária gratuita (Lei nº 1.060, de 5 de fevereiro de 1950)[5], certamente teriam sérias dificuldades para buscar ou defender o que entendem lhes ser de direito.

Nesse contexto tormentoso, o financiamento de arbitragens por terceiros ou *third party funding* ("TPF"), surge como alternativa para viabilizar o custeio das arbitragens[6], além de servir como meio de acesso à justiça.

Em linhas gerais, o TPF correspondente ao custeio de todas as despesas, decorrentes do processo, de uma das partes na arbitragem, por alguém que não é parte no feito, a quem se deverá reembolso e remuneração contingenciais de êxito no final da demanda[7].

[5] TEIXEIRA, Bruno Barreto de Azevedo. **O Financiamento da Arbitragem por Terceiros e o Dever de Revelação, 2016.** Disponível em: http://www.cbar.org.br/blog/artigos/o-financiamento-da-arbitragem-por-terceiros-e-o-dever-de-revelacao. Acesso em 21 de outubro de 2017.

[6] ALVES, Rafael Francisco Alves e VERONESE, Lígia Espolaor. **Arbitragem e empresas em crise: o novo mercado de financiamento por terceiros: desafios e próximos passos, 2016.** Disponível em:https://jota.info/artigos/arbitragem-e-empresas-em-crise-o-novo-mercado-de-financiamento-por-terceiros-05082016. Acesso em 21 de outubro de 2017.

[7] BUCKER, Fátima Cristina Bonassa. **Demandas financiadas: *Third Party Funding*.** Revista do Advogado nº 131. São Paulo: AASP – Associação dos Advogados de São Paulo, 2016. p. 78-79.

O mercado de financiamento de arbitragens é relativamente novo do Brasil[8], de modo que ainda não possui regulação específica na legislação vigente. Por este motivo, questionamentos e debates surgem em torno da implementação prática deste modelo de negócio.

Dentre eles, discute-se se a parte financiada teria ou não o dever de revelar aos árbitros a existência do financiamento e os limites desta revelação, em relação à necessária preservação da independência e da imparcialidade dos árbitros, bem como ao regular exercício do dever revelação contido no artigo 14, § 1º, da LA.

Nesse contexto, por meio da análise de doutrina, artigos acadêmicos nacionais e estrangeiros, além de precedentes judiciais, o presente trabalho terá por objetivo analisar, sem, porém, exaurir, os seguintes questionamentos por meio do método dialético: A parte financiada, à luz da legislação brasileira, teria o dever de revelar aos árbitros que estaria a ser financiada por terceiro? Quais os prejuízos decorrentes da ausência desta informação? É juridicamente possível que as partes estipulem na cláusula compromissória arbitral o dever e a limitação da informação a ser prestada por uma das partes, caso venha a optar pelo TPF?

De início, o presente artigo tratará brevemente a respeito do fenômeno do financiamento de arbitragens e suas características gerais.

Em seguida, discorrerá a respeito dos pressupostos processuais de independência e de imparcialidade do árbitro, bem como acerca do dever de revelação dos árbitros, de modo a demonstrar a relevância destes pontos à formação de uma sentença arbitral válida.

[8] Teixeira, Bruno Barreto de Azevedo. **O Financiamento da Arbitragem por Terceiros e o Dever de Revelação, 2016.** Disponível em: http://www.cbar.org.br/blog/artigos/o-financiamento-da-arbitragem-por-terceiros-e-o-dever-de-revelacao. Acesso em 21 de outubro de 2017.

Adiante, tratará sobre eventual dever e revelação da parte, à luz dos potenciais conflitos de interesse vislumbrados pela doutrina, bem como da necessária preservação da independência e da imparcialidade dos árbitros.

Por último, demonstrará que, muito embora a legislação pátria não determine expressamente que a parte financiada tenha do dever de revelar a existência do financiamento, é possível que as partes estipulem este dever de revelação na cláusula compromissória arbitral.

A análise constante no presente artigo está adstrita ao cenário brasileiro, apesar de colher conceitos na doutrina estrangeira. Concentra-se aqui, repita-se, na questão do dever de revelação da parte nas arbitragens financiadas em relação à preservação da independência e da imparcialidade dos árbitros, bem como do exercício do dever de revelação.

2. O Fenômeno do Financiamento de Arbitragens

Pode-se dizer que se trata o TPF de um negócio por meio do qual uma parte envolvida em determinada disputa arbitral (potencial ou concreta) ao invés de utilizar recursos próprios para financiar as despesas da arbitragem, busca por um terceiro financiador que o faça. Este financiador, por sua vez, espera recuperar aquilo que investiu e apurar um retorno sobre o investimento, baseado em uma porcentagem ou num múltiplo do direito que a parte financiada vier a obter no litígio[9].

É certo que o montante desta porcentagem ou múltiplo dependerá da negociação entre as partes, porém, para se ter uma noção, há notícia de que os fundos de investimento brasileiros e estrangeiros teriam como premissa estabelecer como

[9] Sahani, Victoria Shannon. Judging Third-Party Funding, 2016. **UCLA LAW Review**, Estados Unidos da América, Los Angeles, 2016, p. 388-448. Disponível em: https://www.uclalawreview.org/wp-content/uploads/2016/02/Sahani-final-article-no-bleed.pdf. Acesso em 15 de novembro de 2017.

retorno, um percentual entre 25% e 40% do ganho da parte financiada, dependendo do risco envolvido no caso[10].

Segundo a doutrina, o TPF pode ser utilizado tanto para demandas ativas como passivas. Para ilustrar, imagine que a parte financiada seja o autor da demanda. Nesse caso, o terceiro financiador cobrirá os custos do processo e geralmente receberá, além daquilo que investiu, uma porcentagem ou fração do ganho do autor, caso ele venha a vencer a disputa. De outra forma, caso a parte financiada seja ré, então o terceiro financiador geralmente receberá uma quantia predeterminada da parte, podendo o acordo prever um pagamento extra, caso o réu ganhe a disputa[11].

Geralmente, são fundos de investimentos que atuam como terceiro financiador nos casos de TPF[12]. No entanto, é possível que o terceiro financiador seja, dentre outros, um banco ou um fundo de hedge, por exemplo[13].

O terceiro financiador se torna sempre bastante conhecedor da matéria e dos riscos de ganho e perda da demanda[14]. Além disso, embora não participe da arbitragem na qualidade de parte, na prática o financiador atua na indicação e contratação de advogados, peritos, assistentes técnicos, escolha de árbitros, discussão de estratégias, dentre outras providências,

[10] BACELO, Joice. Fundos brasileiros começam a investir em disputas arbitrais. **Valor Econômico**, São Paulo, 28 de julho de 2016, disponível em http://www.valor.com.br/legislacao/4650007/fundos-brasileiros-comecam-investir-em-disputas-arbitrais. Acesso em 15 de novembro de 2017.

[11] SAHANI, op. cit.

[12] BUCKER, Fátima Cristina Bonassa. **Demandas financiadas: *Third Party Funding*.** Revista do Advogado nº 131. São Paulo: AASP – Associação dos Advogados de São Paulo, 2016 p. 80.

[13] SAHANI, Victoria Shannon. Judging Third-Party Funding, 2016. **UCLA LAW Review**, Estados Unidos da América, Los Angeles, 2016, p. 388-448. Disponível em: https://www.uclalawreview.org/wp-content/uploads/2016/02/Sahani-final-article-no-bleed.pdf. Acesso em 15 de novembro de 2017.

[14] BUCKER, op. cit., p. 80.

procurando sempre se cercar de todas as cautelas para que a parte por ele financiada saia vitoriosa da disputa[15].

Vale registrar que o uso do TPF pode ser útil tanto para empresas em crise de liquidez, como em casos de planejamento financeiro, ou até como meio de deslocamento do risco decorrente de determinada arbitragem[16]. Portanto, vê-se que o TPF pode ser aplicado em diversos cenários.

No TPF a parte financiada não tem o dever de reembolsar o terceiro financiador caso venha a perder a demanda ou não recuperar determinado crédito[17]. Trata-se, portanto, de um contrato aleatório, pois o financiador pode não receber nada em caso de a parte não vencer o processo[18]. Em outras palavras, a recuperação do investimento e o retorno a ser apurado pelo financiador estão diretamente atrelados ao sucesso da demanda.

Por último, vale registrar que o TPF poderia, em tese, ser utilizado tanto para demandas arbitrais, como àquelas submetidas ao poder judiciário estatal[19]. A limitação neste último caso, segundo a doutrina, seria que a disputa financiada versasse a respeito de direitos patrimoniais disponíveis[20].

[15] BUCKER, Fátima Cristina Bonassa. **Demandas financiadas: *Third Party Funding*.** Revista do Advogado nº 131. São Paulo: AASP – Associação dos Advogados de São Paulo, 2016 p. 79-80.

[16] CASADO FILHO, Napoleão. **Arbitragem comercial internacional e acesso à justiça:** o novo paradigma do Third Party Funding. Tese (Doutorado Em Direito das Relações Econômicas Internacionais) – Faculdade de Direito, Pontifícia Universidade Católica de São Paulo, São Paulo, 2015. Disponível em: https://sapientia.pucsp.br/bitstream/handle/6676/1/Napoleao%20Casado%20Filho.pdf. Acesso em 15 de novembro de 2017.

[17] Idem, 2016.

[18] CASADO FILHO, op. cit.

[19] HENRIQUES, Duarte Gorjão. **"Third Party Funding" ou o Financiamento de Litígios por Terceiros em Portugal.** Disponível em: www.bch.pt/ROA%20III_IV%202015.pdf. Acesso em 21 de outubro de 2017.

[20] CASADO FILHO, Napoleão. **Arbitragem comercial internacional e acesso à justiça:** o novo paradigma do Third Party Funding. Tese (Doutorado Em Direito

3. Independência, Imparcialidade e Dever de Revelação na Arbitragem

Os imperativos da imparcialidade e da independência do árbitro são de observância obrigatória na arbitragem, a fim de que reste atendida a garantia constitucional ao devido processo legal[21].

O Colendo Superior Tribunal de Justiça, em sede do julgamento da SEC nº 9412/ US[22], reconheceu que a imparcialidade do julgador é uma das garantias que resultam no postulado do devido processo legal (Constituição da República do Brasil de 05 de outubro de 1988, artigo 5º, inciso LV), aplicável à arbitragem, tratando-se, portanto, de matéria de ordem pública, além de pressuposto de validade do procedimento arbitral.

A confirmar este entendimento, Antônio Carlos de Araújo Cintra, Ada Pellegrini Grinover e Cândido Rangel Dinamarco, escrevem que:

> O caráter de imparcialidade é inseparável do órgão da jurisdição. O juiz coloca-se entre as partes e acima delas: esta é a primeira condição para que possa exercer sua função dentro do processo. A imparcialidade do juiz é pressuposto para que a relação pro-

das Relações Econômicas Internacionais) – Faculdade de Direito, Pontifícia Universidade Católica de São Paulo, São Paulo, 2015. Disponível em: https://sapientia.pucsp.br/bitstream/handle/6676/1/Napoleao%20Casado%20Filho.pdf . Acesso em 15 de novembro de 2017.

[21] CARMONA, CARLOS ALBERTO. Parecer a respeito da nulidade de sentença arbitral proferida por árbitro impedido e outros aspectos, parecer jurídico, datado de 29 de maio de 2013. Parecer apresentado às fls. 1226-1257 dos autos da Sentença Estrangeira Contestada nº 9412 – US.

[22] BRASIL. Superior Tribunal de Justiça. Acórdão proferido nos autos da Sentença Estrangeira Contestada nº 9412. Relator Ministro Felix Fischer, Brasília, DF, 99 p, 30 de maio de 2017. Disponível em:https://ww2.stj.jus.br/processo/revista/documento/mediado/?componente=ITA&sequencial=1456133&num_registro=201302788725&data=20170530&formato=PDF. Acesso em 11 de novembro de 2017.

> cessual se instaure validamente. É nesse sentido que se diz que o órgão jurisdicional deve ser subjetivamente capaz. A incapacidade subjetiva do juiz, que se origina da suspeita de sua imparcialidade, afeta profundamente a relação processual[23].

A fim de preservar estes preceitos em sede arbitragem, o artigo 14, *caput*, da LA estabelece que estão impedidas de funcionar como árbitro, pessoas que tenham com as partes ou com o litígio entre elas, alguma das relações que caracterizam os casos de impedimento ou suspeição de juízes (CPC, arts. 144 e 145).

Em complementação, o artigo 14, § 1º, do mesmo diploma legal, estabelece que o árbitro deverá revelar antes de aceitar a função (e durante o exercício dela) qualquer fato que denote dúvida justificada quanto à sua imparcialidade e independência.

Nota-se, que a LA não trata a questão da imparcialidade e independência do árbitro de forma taxativa, como faz o Código de Processo Civil ("Lei nº 13.105, de 16 de março de 2015"). Propositadamente, dada a dinâmica privada da arbitragem, o legislador entendeu por criar uma possibilidade de exame caso a caso das questões a respeito da imparcialidade e independência do julgador[24]. Desta forma, assegura-se a possibilidade de se analisar de forma ampla circunstâncias relevantes que possam colocar em dúvida a devida independência e imparcialidade do árbitro.

Conforme escreve Carlos Alberto Carmona[25], a independência do árbitro é avaliada de forma objetiva, por meio da ausência

[23] CINTRA, Antônio Carlos de Araújo et al. **Teoria geral do processo. 28.ª ed.** São Paulo: Malheiros, 2012. p. 61.

[24] CARMONA, CARLOS ALBERTO. Parecer a respeito da nulidade de sentença arbitral proferida por árbitro impedido e outros aspectos, parecer jurídico, datado de 29 de maio de 2013. Parecer apresentado às fls. 1226-1257 dos autos da Sentença Estrangeira Contestada nº 9412 – US.

[25] Idem, 2013.

de circunstâncias que *a priori* levantem dúvida sobre possível interesse do julgador na causa. A imparcialidade, de seu turno, é uma predisposição do espírito verificável apenas *in concreto*, pela análise da atuação concreta do árbitro.

Em adição, o referido doutrinador escreve que, muito embora exista distinção teórica entre a ideia de independência e de imparcialidade, na prática, entende-se que não é possível desvencilhar uma da outra. Isso porque, para que o árbitro seja imparcial, necessariamente deverá ser antes independente. A independência é, portanto, segundo Carmona, pressuposto da imparcialidade.[26]

Por sua vez, o dever de revelação estampado no artigo 14, § 1º, da LA, é meio objetivo para aferir a independência dos árbitros[27]. Este dispositivo deixa ainda mais claro o que se disse acima a respeito do intuito da LA de ampliar o leque de situações que podem pôr em dúvida a independência e a imparcialidade do árbitro.

A respeito do dever de revelação do árbitro, vale transcrever a lição de Carlos Alberto Carmona:

> Em sede de arbitragem, o parâmetro objetivo para aferir a independência do árbitro é ditado pelo dever de revelação (*duty of disclosure*). A extensão do dever do árbitro de revelar qualquer fato que possa, aos olhos das partes, comprometer o seu potencial interesse na causa é diretamente proporcional à importância de garantir a constante independência do árbitro para a validade de arbitragem. (...). Como a confiança é elemento central para a validade da arbitragem, o controle rigoroso e estrito da independência dos árbitros é essencial para o desenvolvimento válido do processo arbitral. Por tal razão, o dever de revelação (duty of disclosure), que nasce como meio de assegurar às partes o controle

[26] Idem, 2013.
[27] Idem, 2013.

> da independência de seus julgadores (representando verdadeira metagarantia da independência) deve ser interpretado de modo mais amplo possível. Apenas com o conhecimento acerca de fatos que possam comprometer a independência do árbitro poderá ser mantida hígida a confiança das partes em seus julgadores e o devido processo legal, podendo estas, de posse das informações prestadas tomar as medias necessárias à substituição dos árbitros que reputem parciais. (...). Ainda que a letra da lei trate o dever de revelação apenas no momento anterior à aceitação do encargo pelo árbitro, importante salientar que o dever de revelação persiste ao longo de todo o arco do processo, devendo o árbitro comunicar as partes sobre qualquer fato ocorrido posteriormente ou de que tenha tomado conhecimento após a instauração da arbitragem. A confiança das partes e o devido processo legal devem ser observados, evidentemente, durante todo o processo (art. 21, §2º, Lei de Arbitragem), sendo lógica a conclusão de que a mesma sorte assiste ao dever de revelação[28].

Justamente pelas razões acima expostas, o árbitro deve ter o cuidado de revelar todos os fatos e circunstâncias que possam dar margem de dúvida quanto à sua imparcialidade e independência. Conforme citação de obra da Ministra do Superior Tribunal de Justiça, Fátima Nancy Andrighi, no trecho do Voto do também Ministro, João Otávio Noronha, relações de negócios anteriores, em curso ou futuras, direta ou indiretamente, entre o árbitro e uma das partes, por exemplo, poderão gerar dúvidas a respeito de sua independência e imparcialidade[29].

[28] CARMONA, CARLOS ALBERTO. Parecer a respeito da nulidade de sentença arbitral proferida por árbitro impedido e outros aspectos, parecer jurídico, datado de 29 de maio de 2013. Parecer apresentado às fls. 1226-1257 dos autos da Sentença Estrangeira Contestada nº 9412 – US.

[29] BRASIL. Superior Tribunal de Justiça. Acórdão proferido nos autos da Sentença Estrangeira Contestada nº 9412. Relator Ministro Felix Fischer,

A respeito das consequências do inadequado exercício do dever de revelação pelo árbitro, José Miguel Júdice e Diogo Calado, escrevem que:

> Para além das questões de credibilidade da justiça arbitral, pode também conduzir a uma futura anulação do laudo arbitral (com custos e perdas de tempo para as partes), dificuldade acrescidas de execução, recusa de reconhecimentos de sentenças arbitrais e ações de responsabilidade civil contra os árbitros que não tenham revelado fatores que podem objetivamente colocar em causa a sua independência como julgadores"[30]

4. O Dever de Revelação da Parte nas Arbitragens Financiadas

Conforme se demonstrou acima, a independência e a imparcialidade do árbitro são indispensáveis à validade da sentença arbitral. Igualmente, viu-se que o dever de revelação estampado no artigo 14, § 1º, da LA, é amplamente relevante no que se refere à preservação da independência do árbitro, sendo o meio preciso de afirmar a inexistência de conflitos de interesse entre o árbitro e as partes, bem como em relação ao litígio.

Isto posto, passa-se a analisar se a existência de um terceiro financiador em uma arbitragem poderia trazer consequências ao seu perfeito deslinde, sobretudo no sentido de se afigurar

Brasília, DF, 99 p, 30 de maio de 2017. Disponível em:https://ww2.stj.jus.br/processo/revista/documento/mediado/?componente=ITA&sequencial=1456133&num_registro=201302788725&data=20170530&formato=PDF. Acesso em 11 de novembro de 2017 apud ANDRIGHI, Fátima Nancy. **O perfil do árbitro e a regência de sua conduta pela lei da arbitragem.** ADV Advocacia Dinâmica: seleções jurídicas, n. 2, 1998.

[30] JÚDICE José Miguel e CALADO, Diogo. Independência e imparcialidade do árbitro. Alguns aspectos polêmicos, em uma visão luso-brasileira, 2016, **Revista Brasileira de Arbitragem**, São Paulo, v. 49, p. 36–51, jan-mar. 2016.

elemento impeditivo à regular nomeação de algum árbitro ou até do painel inteiro[31].

Conforme escreve Napoleão Casado Filho[32], o advento de um terceiro no procedimento arbitral pode trazer consigo conflitos de interesses que precisam ser analisados pelo Tribunal Arbitral.

A título de exemplo, um árbitro pode ser cotista do fundo investidor ou pode trabalhar em um escritório de advocacia que representa este fundo.

Outro exemplo que se vislumbra[33], seria a hipótese em que determinada pessoa atue como árbitro em dado procedimento arbitral financiado e, concomitantemente, atue na qualidade de advogado de uma parte financiada pelo mesmo fundo de investimento do primeiro caso, em outra arbitragem.

Tais fatos, de cunho exemplificativo, não afetam *per se* a independência do árbitro, mas, inexoravelmente, precisam ser divulgados a fim de que a parte contrária e os árbitros possam averiguar se existe ou não aspecto relevante passível de afetar a independência e a confiança necessária ao regular prosseguimento da arbitragem[34].

31 CASADO FILHO, Napoleão. **Arbitragem comercial internacional e acesso à justiça:** o novo paradigma do Third Party Funding. Tese (Doutorado Em Direito das Relações Econômicas Internacionais) – Faculdade de Direito, Pontifícia Universidade Católica de São Paulo, São Paulo, 2015. Disponível em: https://sapientia.pucsp.br/bitstream/handle/6676/1/Napoleao%20Casado%20Filho.pdf. Acesso em 15 de novembro de 2017.

32 Idem, 2015.

33 CRUZ, Elisa Schmidlin. **Arbitragem comercial financiada por terceiros:** um estudo da perspectiva regulatória a partir da nova economia institucional. Dissertação (Mestrado em Direito Econômico e Desenvolvimento) – Pontifícia Universidade Católica do Paraná, Curitiba, Paraná, 2017. Disponível em: http://www.biblioteca.pucpr.br/pergamum/biblioteca/img.php?arquivo=/000060/00006088.pdf. Acesso em 11 de novembro de 2017.

34 CASADO FILHO, Napoleão. **Arbitragem comercial internacional e acesso à justiça:** o novo paradigma do Third Party Funding. Tese (Doutorado Em Direito

Por esta razão, escreve Napoleão Casado Filho que a análise a respeito da independência do árbitro não pode ficar exclusivamente a cargo da parte financiada. Confira-se:

> O teste de independência do árbitro pertence, primeiramente, ao próprio árbitro e, em seguida, às partes que, depois de ouvirem a declaração de independência e terem conhecimento de todos os fatos relevantes, devem decidir se confiam ou não no julgador. Portanto, não deve essa informação ficar apenas na posse da parte financiada, e sim ser compartilhada com todos os que participam do procedimento. [35]

Por esta razão, questiona-se se a parte financiada teria ou não o dever de revelar a existência do financiador e se esta revelação estaria sujeita à alguma limitação.

Com efeito, o dever de revelação, apesar de não ser expresso, existe e está diretamente conectado ao dever geral de boa-fé que, embora tenha diversas intepretações, engloba o dever de revelar aos futuros julgadores fatos que potencialmente possam impactar a sua independência[36]. Afinal, conforme se viu, a constituição hígida do Tribunal Arbitral, com reflexos na validade e exequibilidade do laudo arbitral é que estão em jogo.

Conforme Marcelo Roberto Ferro[37], "a parte não tem o direito de esconder do árbitro a participação efetiva e direta de um terceiro no resultado da demanda".

das Relações Econômicas Internacionais) – Faculdade de Direito, Pontifícia Universidade Católica de São Paulo, São Paulo, 2015. Disponível em: https://sapientia.pucsp.br/bitstream/handle/6676/1/Napoleao%20Casado%20Filho.pdf . Acesso em 15 de novembro de 2017.

[35] Idem, 2015.

[36] Idem, 2015.

[37] Casado Filho, Napoleão. **Arbitragem comercial internacional e acesso à justiça**: o novo paradigma do Third Party Funding. Tese (Doutorado em Direito

Em harmonia com este entendimento, o Centro de Arbitragem e Mediação da Câmara de Comércio Brasil-Canadá (CAM-CCBC), já editou resolução (Resolução Administrativa nº 18/2016) determinando que a parte em procedimento arbitral sujeito ao regulamento da referida câmara, deve informar a existência de financiamento por terceiro, conforme artigos 3º[38] e 4º[39].

Na seara da arbitragem internacional, apesar de não ser o foco do presente artigo, vale registrar que as Diretrizes da *International Bar Association*, a respeito de Conflitos de Interesses em Arbitragem, seguem o mesmo sentido, conforme se vê do seu Princípio Geral nº 7(a)[40], que estabelece o dever de a parte revelar a existência do financiamento.

das Relações Econômicas Internacionais) – Faculdade de Direito, Pontifícia Universidade Católica de São Paulo, São Paulo, 2015. Disponível em: https://sapientia.pucsp.br/bitstream/handle/6676/1/Napoleao%20Casado%20Filho.pdf . Acesso em 15 de novembro de 2017. apud FERRO, Marcelo Roberto. O financiamento de arbitragens por terceiro e a independência do árbitro. In: CASTRO, Rodrigo R. monteiro; WARDE JR., Walfrido J.; GUERREIRO, Carlina (Coord.). **Direito empresarial: direito empresarial e outros estudos em homenagem ao Prod. José Alexandre Tavares Guerreiro**. São Paulo: Quarter Latin: 2013. p. 633

[38] Artigo 3º - A presença de um terceiro financiador pode gerar uma dúvida razoável sobre a imparcialidade ou independência dos árbitros, em razão de possível relacionamento prévio ou atual entre o árbitro e o terceiro financiador.

[39] Artigo 4º - A fim de evitar possíveis conflitos de interesse, o CAM-CCBC recomenda às partes que informem a existência de financiamento de terceiro ao CAM-CCBC na primeira oportunidade possível. Na referida informação deverá constar a qualificação completa do financiador.

[40] Princípio Geral 7(a) da *IBA Guidelines*: *A party shall inform an arbitrator, the Arbitral Tribunal, the other parties and the arbitration institution or other appointing authority (if any) of any relationship, direct or indirect, between the arbitrator and the party (or another company of the same group of companies, or an individual having a controlling influence on the party in the arbitration), or between the arbitrator and any person or entity with a direct economic interest in, or a duty to indemnify a party for, the award to be rendered in the arbitration. The party shall do so on its own initiative at the*

Por outro lado, é importante registrar que se entende que a revelação deverá recair apenas sobre informações essenciais à análise de uma eventual influência do financiamento na formação do Tribunal Arbitral[41].

A parte financiada deve informar que possui um parceiro financeiro no procedimento e identificá-lo (na linha do que se vê do regulamento da CAM-CCBC)[42]. Detalhes sobre a precificação do financiamento e outras cláusulas devem ser preservados, dado o caráter estratégico para o financiado e irrelevante para a parte adversa e o tribunal analisarem eventual conflito de interesses.

Portanto, fica claro que, em nome da preservação da independência e imparcialidade do árbitro, essenciais para que a arbitragem atinja seu escopo, é necessário que a parte financiada informe que contratou um financiamento e quem está lhe financiando, apenas.

5. A Cláusula Compromissória Como Meio Para Levar à Revelação

Conforme se mencionou acima, a legislação vigente no Brasil não regula o financiamento de arbitragens por terceiros espe-

earliest opportunity. Tradução livre: A parte deve informar ao árbitro, o tribunal arbitral, as outras partes e a instituição arbitral ou outra autoridade competente (se houver) qualquer relação, direta ou indireta, entre o árbitro e a parte (ou outra empresa do mesmo grupo de empresas, ou um indivíduo com influência de controle na parte na arbitragem), ou entre o árbitro e qualquer pessoa ou entidade com interesse econômico direto ou dever de indenizar uma parte pela sentença a ser proferida na arbitragem. A parte deve fazê-lo por sua própria iniciativa na primeira oportunidade.

[41] Casado Filho, Napoleão. **Arbitragem comercial internacional e acesso à justiça**: o novo paradigma do Third Party Funding. Tese (Doutorado Em Direito das Relações Econômicas Internacionais) – Faculdade de Direito, Pontifícia Universidade Católica de São Paulo, São Paulo, 2015. Disponível em: https://sapientia.pucsp.br/bitstream/handle/6676/1/Napoleao%20Casado%20Filho.pdf. Acesso em 15 de novembro de 2017.

[42] Idem, 2015.

cificamente. Muito menos, contém previsão no sentido de que a parte que venha a tomar o financiamento, tenha o dever de revelar tal fato aos árbitros. Por este motivo, apesar das razões expendidas no capítulo anterior, algumas pessoas podem deixar de revelar a existência do financiamento.

Dentre os motivos que podem levar a parte a não revelar a existência do financiamento, encontra-se a possibilidade de tal informação levar a conclusão de que a parte financiada estaria em situação financeira delicada[43] (o que, conforme se viu acima, não é necessariamente verdade. O financiamento não só serve a empresas em crise de liquidez, mas também como mecanismo de alocação de riscos e planejamento financeiro); outra hipótese que pode levar a parte financiada a não revelar a tomada do *funding*, é a existência de cláusula de confidencialidade no contrato de financiamento (o que comumente ocorre).[44]

Por estes motivos, afigura-se necessário algum mecanismo jurídico – até que sobrevenha legislação – capaz de levar a parte a financiada a revelar a existência do financiamento aos árbitros, a fim de que restem preservadas a independência e a imparcialidade do árbitro, dando-se assim, efetividade ao devido processo legal.

Nesse cenário, vislumbra-se, sem prejuízo de outros meios, a cláusula compromissória arbitral como meio capaz de atender a essa necessidade.

Pode-se dizer que o dever de revelar nada mais é do que uma obrigação de fazer. Trata de uma conduta positiva daquele que tem o dever de revelar.

43 Casado Filho, Napoleão. **Arbitragem comercial internacional e acesso à justiça**: o novo paradigma do Third Party Funding. Tese (Doutorado Em Direito das Relações Econômicas Internacionais) – Faculdade de Direito, Pontifícia Universidade Católica de São Paulo, São Paulo, 2015. Disponível em: https://sapientia.pucsp.br/bitstream/handle/6676/1/Napoleao%20Casado%20Filho.pdf . Acesso em 15 de novembro de 2017.

44 Idem, 2015

Conforme escreve Flávio Tartuce[45], "a obrigação de fazer (*obligatio ad faciendum*) pode ser conceituada como uma obrigação positiva cuja prestação consiste no cumprimento de uma tarefa ou atribuição por parte do devedor".

Além disso, dado que o dever de revelar se coaduna com o ordenamento jurídico vigente, uma vez que tem por escopo preservar a independência e a imparcialidade do árbitro, além do devido processo legal e o princípio geral da boa-fé, a estipulação do dever de revelar se mostra juridicamente válida, à luz do artigo 104, do Código Civil.

Portanto, a rigor, nada impede que as partes estabeleçam em contrato que, caso uma delas venha a tomar financiamento para custear as despesas de eventual arbitragem, decorrente daquele contrato, revele tal aspecto aos árbitros no momento da instauração do processo observado prazo para o exercício da revelação, que poderá ser contado a partir do momento em que o contrato de financiamento for celebrado. Além disso, deve-se garantir, de parte a parte, a faculdade de exigir a revelação no momento da instauração da arbitragem ou no seu curso. O dever de revelar deverá se manter durante todo o procedimento arbitral e, caso o financiamento venha a ser tomado no curso da arbitragem, deve-se estipular prazo ao exercício da revelação que, igual à primeira hipótese, poderá ser contado a partir do momento da celebração do contrato de financiamento. Em adição, é importante que se estabeleça penalidade na hipótese de se constatar quebra do dever de revelar, a fim de induzir o cumprimento da cláusula.

Por outro lado, a cláusula compromissória também deve prever os limites da revelação. Conforme se discorreu acima, é razoável que a cláusula preveja apenas o dever de revelar a existência do financiamento e a identidade do financiador. Desta forma,

[45] TARTUCE, Flávio. **Manual de direito civil: volume único**. São Paulo: Método, 2014. p.294

o dever de revelação árbitro, nos termos do artigo 14, § 1º, da LA, poderá ser devidamente realizado e a sua independência e imparcialidade preservadas.

Outro efeito prático da estipulação do dever de revelar o financiamento na cláusula compromissória, é que esta obrigação prévia pode servir como parâmetro à negociação de eventual cláusula de confidencialidade no contrato de financiamento firmado entre o financiador e parte financiada.

Desta forma, pode-se conferir segurança jurídica adicional para que a arbitragem desejada pelas partes alcance seu escopo, com o proferimento de uma sentença que, na medida do possível, estará cercada de cautelas para a conservação da independência e a imparcialidade do árbitro e, consequentemente, do devido processo legal.

Não obstante o que se disse acima, não se ignora que a cláusula compromissória, por si só, não é capaz de garantir que a parte financiada revelará a existência de financiamento, especialmente dependendo do caso concreto. No entanto, é certo que ela terá influência sobre a vontade de revelar da parte, especialmente dadas as consequências da não revelação, que poderão ser estipuladas no contrato.

Dito isso, vale registrar que é indispensável que a legislação avance no sentido de prever tal dever de revelação, bem como seus limites, não só no que diz respeito à parte financiada, mas também em relação ao financiador.

6. Conclusão

Com base no que foi acima exposto, conclui-se que, apesar de a legislação pátria não obrigar expressamente a parte financiada a revelar a existência do financiamento, é de rigor que essa assim o faça, a fim de que reste preservada a independência e a imparcialidade do árbitro, bem como a garantia constitucional ao devido processo legal.

Em adição, o princípio geral da boa-fé também se revela como outro fundamento ao entendimento de que a parte financiada deve proceder à revelação.

Ademais, verificou-se que caso se constante no caso concreto que a ausência de revelação do financiamento causou óbice à independência e imparcialidade de um ou mais árbitros integrantes do painel, tal aspecto poderá carrear na nulidade da sentença arbitral, por ter sido proferida por pessoa impedida de ser árbitro, nos termos do artigo 32, inciso II, da LA, vindo a frustrar a celeridade à solução da controvérsia, certamente pretendida pelas partes ao optarem pela arbitragem.

Por outro lado, viu-se que o dever de revelar da parte deve observar certo limite. A revelação acerca da existência do financiamento e da identidade do financiador é suficiente para assegurar que o árbitro realize o seu dever de revelação, contido do artigo 14, § 1º, da LA, adequadamente.

Por fim, viu-se que é valido juridicamente que as partes estipulem já na cláusula compromissória o dever de revelar a existência do financiamento, visto que este dever se coaduna com o ordenamento jurídico e respeita o artigo 104, do Código Civil.

Referências

ALVES, Rafael Francisco Alves e VERONESE, Lígia Espolaor. **Arbitragem e empresas em crise: o novo mercado de financiamento por terceiros: desafios e próximos passos, 2016.** Disponível em:https://jota.info/artigos/arbitragem-e-empresas-em-crise-o-novo-mercado-de-financiamento-por-terceiros-05082016. Acesso em 21 de outubro de 2017.

BACELO, Joice. Fundos brasileiros começam a investir em disputas arbitrais. **Valor Econômico**, São Paulo, 28 de julho de 2016, disponível em http://www.valor.com.br/legislacao/4650007/fundos-brasileiros-comecam-investir-em-disputas-arbitrais. Acesso em 21 de outubro de 2017.

BUCKER, Fátima Cristina Bonassa. **Demandas financiadas: *Third Party Funding*.** Revista do Advogado nº 131. São Paulo: AASP – Associação dos Advogados de São Paulo, 2016.

CARMONA, CARLOS ALBERTO. Parecer a respeito da nulidade de sentença arbitral proferida por árbitro impedido e outros aspectos, parecer jurídico, datado de 29 de maio de 2013. Parecer apresentado às fls. 1226-1257 dos autos da Sentença Estrangeira Contestada nº 9412 – US, que tramitou no Superior Tribunal de Justiça.

CASADO FILHO, Napoleão. **Arbitragem comercial internacional e acesso à justiça**: o novo paradigma do Third Party Funding. Tese (Doutorado em Direito das Relações Econômicas Internacionais) – Faculdade de Direito, Pontifícia Universidade Católica de São Paulo, São Paulo, 2015. Disponível em: https://sapientia.pucsp.br/bitstream/handle/6676/1/Napoleao%20Casado%20Filho.pdf. Acesso em 15 de novembro de 2017.

CINTRA, Antônio Carlos de Araújo et al. **Teoria geral do processo. 28.ª ed.** São Paulo: Malheiros, 2012. p. 61.

RABAY, Arthur. Princípios da Arbitragem. **Revista da AGU**, Brasília/DF, v. 12, p. 89-108, jan-mar. 2014. Disponível em: www.agu.gov.br/page/download/index/id/20999214. Acesso em 21 de outubro de 2017.

CRUZ, Elisa Schmidlin. **Arbitragem comercial financiada por terceiros:** um estudo da perspectiva regulatória a partir da nova economia institucional. Dissertação (Mestrado em Direito Econômico e Desenvolvimento) – Pontifícia Universidade Católica do Paraná, Curitiba, Paraná, 2017. Disponível em: http://www.biblioteca.pucpr.br/pergamum/biblioteca/img.php?arquivo=/000060/00006088.pdf. Acesso em 11 de novembro de 2017.

JÚDICE José Miguel e CALADO, Diogo. Independência e imparcialidade do árbitro. Alguns aspectos polêmicos, em uma visão luso-brasileira, 2016, **Revista Brasileira de Arbitragem**, São Paulo, v. 49, p. 36–51, jan-mar. 2016.

SAHANI, Victoria Shannon. Judging Third-Party Funding, 2016. **UCLA LAW Review**, Estados Unidos da América, Los Angeles, 2016, p. 388-448. Disponível em: https://www.uclalawreview.org/wp-content/uploads/2016/02/Sahani-final-article-no-bleed.pdf. Acesso em 15 de novembro de 2017.

TARTUCE, Flávio. **Manual de direito civil: volume único**. São Paulo: Método, 2014. p.294

TEIXEIRA, Bruno Barreto de Azevedo. **O Financiamento da Arbitragem por Terceiros e o Dever de Revelação, 2016.** Disponível em: http://www.cbar.org.br/blog/artigos/o-financiamento-da-arbitragem-por-terceiros-e-o-dever-de-revelacao. Acesso em 21 de outubro de 2017.

BRASIL. Superior Tribunal de Justiça. Acórdão proferido nos autos da Sentença Estrangeira Contestada nº 9412. Relator Ministro Felix Fischer,

Brasília, DF, 99 p, 30 de maio de 2017. Disponível em:https://ww2.stj.jus.br/processo/revista/documento/mediado/?componente=ITA&sequencial=1456133&num_registro=201302788725&data=20170530&formato=PDF. Acesso em 11 de novembro de 2017.

Serviços On-Line, Publicidade e Contratos de Adesão: o Direito de se Permitir Ser Conhecido

Diana Cristina Oliveira Costa

1. Introdução

Em novembro de 1988, o jornal The Washington Post descreveu a internet como "um grande experimento social".[1]

Um mês antes, a Constituição Federal do Brasil foi promulgada e declarou, entre os direitos e garantias fundamentais, a inviolabilidade da intimidade, da vida privada, da honra e da imagem das pessoas (art. 5º, inciso X), bem como a inviolabilidade do sigilo da correspondência e das comunicações telegráficas, de dados e das comunicações telefônicas (art. 5º, inciso XII).

As preocupações da Assembleia Constituinte, entretanto, não se voltavam para aquela tecnologia, ainda em estágio embrionário. O Poder Constituinte era guiado por uma responsabilidade sensível e urgente: o processo de redemocratização do país, que deveria ser protagonizado por uma Constituição "capaz de promover, de maneira bem sucedida, a travessia do

[1] Gellman, Barton. **Here's how The Post covered the "grand social experiment" of the Internet in 1988.** Washington Post. Disponível em: <https://www.washingtonpost.com/news/the-switch/wp/2013/11/04/heres-how-the-post-covered-the-grand-social-experiment-of-the-internet-in-1988/?utm_term=.c0bede5f6aee>. Acesso em: 27 mai. 2017.

Estado brasileiro de um regime autoritário, intolerante e, por vezes, violento para um Estado democrático de direito".[2]

Neste contexto, deu-se ao "direito à privacidade" um sentido amplo, para abranger todo "o conjunto de informação acerca do indivíduo que ele pode decidir manter sob seu exclusivo controle, ou comunicar, decidindo a quem, quando, onde e em que condições, sem a isso poder ser legalmente sujeito".[3]

Complementarmente, a inviolabilidade do sigilo de dados – esta sim, uma resposta à evolução tecnológica[4] – passou a significar "para o sujeito, que ele pode restringir os endereçados do seu ato comunicativo e, em decorrência, para os demais (os outros) vigora um veto à entrada nessa comunicação, sem consentimento do sujeito – emissor e receptor da mensagem".[5]

Ao indivíduo passou a ser garantido, então, "o direito de excluir do conhecimento de terceiros aquilo que a ele só é pertinente e que diz respeito ao seu modo de ser exclusivo no âmbito de sua vida privada".[6]

[2] BARROSO, Luís Roberto. **Neoconstitucionalismo e constitucionalização do Direito (o triunfo tardio do direito constitucional no Brasil).** Disponível em: <http://www.luisrobertobarroso.com.br/wp-content/themes/LRB/pdf/neoconstitucionalismo_e_constitucionalizacao_do_direito_pt.pdf>. Acesso em: 27 mai. 2017; p. 6.

[3] SILVA, José Afonso da. **Curso de Direito Constitucional Positivo**. 38 ed. rev. São Paulo: Malheiros, 2014; p. 206.

[4] "Sigilo de dados. O direito anterior não fazia referência a essa hipótese. Ela veio a ser prevista, sem dúvida, em decorrência do desenvolvimento da informática. Os dados aqui são os dados informáticos." (FERREIRA FILHO, Manoel Gonçalves *apud* FERRAZ JÚNIOR, Tércio Sampaio. **Sigilo de dados: o direito à privacidade e os limites à função fiscalizadora do Estado**. Revista da Faculdade de Direito, Universidade de São Paulo, São Paulo, v. 88, p. 439-459, jan. 1993. ISSN 2318-8235. Disponível em: <http://www.revistas.usp.br/rfdusp/article/view/67231/69841>. Acesso em: 19 nov. 2017; p. 446).

[5] Ibidem. p. 447.

[6] FERRAZ JÚNIOR, Tércio Sampaio. *Op. cit.*, p. 439.

De todo modo, no final dos anos 80, as consequências que as interações na rede mundial de computadores poderiam trazer para os usuários ainda não estavam em pauta. Ao contrário:

> Nos primórdios da internet, era comum ressaltar que a tecnologia poderia aumentar a privacidade. Argumentava-se, por exemplo, que com a internet uma pessoa poderia fazer compras sem sair de casa, ler um novo livro sem visitar uma biblioteca tradicional e se comunicar com amigos e estranhos de forma anônima. Hoje, sabemos que não somos invisíveis enquanto compramos, lemos e conversamos on-line e que podemos ser identificados.[7]

Três décadas depois da promulgação da Constituição, é evidente que se está diante de uma economia movida por conhecimento, informação e serviços: "depois de rodear e operar máquinas na sociedade industrial (...), passamos a usar aparatos capazes de nos ajudar a capturar, criar, processar, armazenar, transmitir e receber informação."[8]

Não poderia ser diferente: da agricultura primitiva aos aplicativos de transporte urbano individual, ao longo da história,

[7] "In the early days of the internet it was common to point out that technology could increase privacy. For example, it was argued that with the internet, one would be able to shop without going out into town, read a new book without visiting a brick and mortar library or retailer, and communicate with friends and strangers anonymously. Today we know that we are not invisible as we shop, read, and converse online and that we can be held accountable." SILVERMAN, Henry R. **Protecting One's Own Privacy in a Big Data Economy**. Harvard Law Review. Disponível em: <https://harvardlawreview.org/2016/12/protecting-ones-own-privacy-in-a-big-data-economy/>. Acesso em: 03 nov. 2017. Tradução livre.

[8] MEIRA, Silvio Lemos. **Novos negócios inovadores de crescimento empreendedor no Brasil**. 1. ed. Rio de Janeiro: Casa da Palavra, 2013; pp. 46 e 47.

a sociedade sempre esteve configurada pela tecnologia à qual tinha acesso.[9]

Há uma década, os consumidores reclamavam do excesso de propagandas sobre bens e serviços desnecessários que se intercalavam com o entretenimento televisivo ou ocupavam grande espaço em jornais e revistas. Hoje, o mesmo público se espanta com o nível de personalização das ofertas publicitárias, sobretudo no meio virtual.

Os investimentos recentes no mercado de publicidade on-line demonstram a relevância desta nova abordagem. No ano de 2016, Google e Facebook receberam, sozinhos, 20% dos investimentos mundiais em publicidade.[10]

Em 2017, ano em que os investimentos globais em publicidade digital ultrapassaram os destinados a anúncios na TV[11], o mercado publicitário digital movimentou R$ 14,8 bilhões no Brasil, o que representa crescimento de 25,4% em comparação ao ano anterior.[12]

No início do mês de maio de 2017, a Oracle noticiou que passaria a prestar serviços relacionados à publicidade comportamental. Em evento voltado para a mídia, o co-diretor presidente da empresa declarou que "Quanto mais relevantes forem os

[9] PINTO, Álvaro Vieira. **O conceito de tecnologia**. Rio de Janeiro: Contraponto, 2005; p. 372.

[10] MATTOS, Adriana. **Google e Face têm 20% dos anúncios**. Valor Econômico. 03 de maio de 2017. Disponível em: <http://www.valor.com.br/empresas/4955366/google-e-face-tem-20-dos-anuncios>. Acesso em: 04 mai. 2017.

[11] MEIO E MENSAGEM. **Investimento publicitário no digital passa TV pela 1a. vez**. 04 de dezembro de 2017. Disponível em: < http://www.meioemensagem.com.br/home/ultimas-noticias/2017/12/04/investimento-publicitario-no-digital-passa-tv-pela-1a-vez.html>. Acesso em: 08 out. 2018.

[12] IAB Brasil. **Infográfico IAB Brasil – Pesquisa Digital Adspend 2018**. Disponível em: < https://iabbrasil.com.br/infografico-iab-brasil-pesquisa-digital-adspend-2018/>. Acesso em: 08 out. 2018.

dados [que uma empresa obtiver], quanto mais robustos, maior será a chance de vencer."[13]

No dia 23 de maio seguinte, a Google apresentou ao mercado soluções que usam *machine learning* para contornar um problema que mina a eficiência dos anunciantes: o fato de que "o rastro do consumidor acaba se perdendo ao não se considerar todos os pontos de contato".[14]

Enquanto isso, especialistas de diversos países discutem os desafios de se impor, juridicamente, limites ao direcionamento da publicidade on-line.[15] Isso porque, com o objetivo de serem oferecidos anúncios cada vez mais relevantes, o usuário é posto sob a vigilância constante de tecnologias que absorvem os dados de navegação e mapeiam o seu comportamento na rede.[16]

No Brasil, além das disposições sobre banco de dados e cadastros de restrição ao crédito previstas no diploma consumerista, até agosto de 2018, o assunto era tratado pelo Marco Civil da Internet, Lei nº 12.965, de 23 de abril de 2014, norma que estabelece princípios, garantias, direitos e deveres para o uso da Internet no território brasileiro. O Marco Civil exige o

[13] CASTRO, Rodrigo. **Oracle usa fórmula própria para abocanhar bolo digital**. Valor Econômico. 08 de maio de 2017. Disponível em: <http://www.valor.com.br/empresas/4960268/oracle-usa-formula-propria-para-abocanhar-bolo-digital>. Acesso em: 14 mai. 2017.

[14] JULIO, Karina. **Machine Learning é a aposta do Google para anunciantes**. Meio e Mensagem, 23 de maio de 2017. Disponível em: <http://www.meioemensagem.com.br/home/marketing/2017/05/23/machine-learning-e-a-aposta-do-google-para-anunciantes.html>. Acesso em: 27 mai. 2017.

[15] OHM, Paul. **We Couldn't Kill the Internet If We Tried: Law, Privacy & Technology Commentary Series**. Harvard Law Review. Disponível em: <https://harvardlawreview.org/2016/12/we-couldnt-kill-the-internet-if-we-tried/>. Acesso em: 27 nov. 2017.

[16] FINLEY, Klint. **Stronger Privacy Laws Could Save Advertising From Itself**. Wired. Disponível em: <https://www.wired.com/2017/04/stronger-privacy-laws-save-advertising/>. Acesso em: 27 nov. 2017.

consentimento expresso sobre coleta, uso, armazenamento e tratamento de dados pessoais (art. 7º, IX).

Após anos de debate Congresso Nacional[17], em 14 de agosto de 2018 foi sancionada a Lei Geral de Proteção Dados brasileira, Lei nº 13.709. Com o objetivo expresso de proteger os direitos fundamentais de liberdade e de privacidade e o livre desenvolvimento da personalidade da pessoa natural, o diploma dispõe sobre o tratamento de dados pessoais, inclusive nos meios digitais, por pessoa natural ou por pessoa jurídica de direito público ou privado (art. 1º).

Corroborando-se a exigência do Marco Civil e respeitadas as exceções legais, a Lei Geral de Proteção de Dados condiciona o tratamento[18] de dados pessoais, **inclusive para fins de oferta ou fornecimento de bens ou serviços** (art. 3º, inciso II), ao consentimento do titular (art. 7º) – é dizer, da pessoa natural a quem se referem os dados objeto de tratamento (art. 5º, V). É de responsabilidade do controlador, aquele que toma decisões sobre o tratamento dos dados coletados (art. 5º, VI), provar que obteve o consentimento qualificado (art. 8º, § 2º).

De modo similar, na União Europeia, o Regulamento (UE) 2016/679 do Parlamento Europeu prevê que, ressalvadas as hipóteses elencadas no diploma[19], o responsável pelo tratamento

[17] Cf. BIONI, Bruno R. **De 2010 a 2018: a discussão brasileira sobre uma lei geral de proteção de dados. Jota. 02 de julho de 2018**. Disponível em: <https://www.jota.info/opiniao-e-analise/colunas/agenda-da-privacidade-e--da-protecao-de-dados/de-2010-a-2018-a-discussao-brasileira-sobre-uma-lei--geral-de-protecao-de-dados-02072018>. Acesso em: 06 out. 2018.

[18] A Lei Geral de Proteção de Dados considera tratamento "toda operação realizada com dados pessoais, como as que se referem a coleta, produção, recepção, classificação, utilização, acesso, reprodução, transmissão, distribuição, processamento, arquivamento, armazenamento, eliminação, avaliação ou controle da informação, modificação, comunicação, transferência, difusão ou extração" (art. 5º, X).

[19] "Artigo 6º – Licitude do Tratamento –1. O tratamento só é lícito se e na medida em que se verifique pelo menos uma das seguintes situações: *a)* O titular

deve ser capaz de demonstrar que obteve o consentimento do titular para o tratamento dos dados pessoais (art. 7º).

É comum que a anuência para coleta e tratamento dos dados conste dos termos de serviço e política de privacidade apresentados aos e aceitos pelos usuários quando do seu cadastro junto aos provedores de serviços. Do ponto de vista negocial, trata-se de verdadeira contraprestação: a possibilidade de dar destinação comercial aos dados de milhões de usuários é o que viabiliza a oferta dos serviços de modo aparentemente gratuito. Esses termos, contudo, não são lidos em grande parte das vezes.[20] Assim, há dúvidas quanto ao real conhecimento e controle do

dos dados tiver dado o seu consentimento para o tratamento dos seus dados pessoais para uma ou mais finalidades específicas; *b)* O tratamento for necessário para a execução de um contrato no qual o titular dos dados é parte, ou para diligências pré-contratuais a pedido do titular dos dados; *c)* O tratamento for necessário para o cumprimento de uma obrigação jurídica a que o responsável pelo tratamento esteja sujeito; *d)* O tratamento for necessário para a defesa de interesses vitais do titular dos dados ou de outra pessoa singular; *e)* O tratamento for necessário ao exercício de funções de interesse público ou ao exercício da autoridade pública de que está investido o responsável pelo tratamento; *f)* O tratamento for necessário para efeito dos interesses legítimos prosseguidos pelo responsável pelo tratamento ou por terceiros, exceto se prevalecerem os interesses ou direitos e liberdades fundamentais do titular que exijam a proteção dos dados pessoais, em especial se o titular for uma criança. O primeiro parágrafo, alínea *f)*, não se aplica ao tratamento de dados efetuado por autoridades públicas na prossecução das suas atribuições por via eletrónica." UNIÃO EUROPEIA. **Regulamento (UE) 2016/679 do Parlamento Europeu e do Conselho, de 27 de abril de 2016, relativo à proteção das pessoas singulares no que diz respeito ao tratamento de dados pessoais e à livre circulação desses dados e que revoga a Diretiva 95/46/CE (Regulamento Geral sobre a Proteção de Dados).** Direito e publicações da União Europeia. Disponível em: <https://publications.europa.eu/pt/publication-detail/-/publication/3e485e15-11bd-11e6-ba9a-01aa75ed71a1/language-pt>. Acesso em 28 nov. 2017.

[20] IG SÃO PAULO. **40% dos usuários brasileiros não leem termos de uso ao instalar aplicativos.** Disponível em: <http://tecnologia.ig.com.br/2016-03-29/40-dos-usuarios-brasileiros-nao-leem-termos-de-uso-ao-instalar-aplicativos.html>. Acesso em 28 nov. 2017.

usuário sobre a forma e a finalidade de tratamento dos seus dados pessoais.

Este estudo não objetiva se aprofundar na legislação aplicável à espécie. Também não serão escopo da presente análise os casos em que há utilização ilegal de dados por terceiros – a exemplo do evento protagonizado por Facebook e Cambridge Analytica[21] – ou o risco de violações decorrentes da entrega de informações ao Estado. Propõe-se, aqui, uma reflexão anterior sobre a etapa inicial da relação: a validade da adesão a contratos que, não obstante o direito individual à privacidade e ao sigilo de dados, condiciona a prestação de serviços aparentemente gratuitos à possibilidade de acesso contínuo a dados pessoais pelos respectivos provedores.

2. A Relevância da Publicidade Para os Prestadores de Serviços On-Line

Facebook, Google, Twitter, Instagram e Snapchat: todas se posicionam como provedoras de serviços gratuitos.

Segundo o Dicionário Michaellis, o adjetivo **gratuito** caracteriza o que "dispensa pagamento", é "feito, dado de graça" ou "desinteressado".[22] Do ponto de vista jurídico, diz-se **gratuito** o contrato em que "somente uma [parte] aufere vantagem, e a outra, só ela, o encargo".[23]

Existem, ainda, os **serviços aparentemente gratuitos**, "que seriam aqueles em que, indiretamente, o executor tem interesse

[21] Cf. Fábio, André Cabette. **Por que o Facebook suspendeu 200 aplicativos suspeitos**. Nexo. 16 de maio de 2018. Disponível em: <https://www.nexojornal.com.br/expresso/2018/05/16/Por-que-o-Facebook-suspendeu-200-aplicativos-suspeitos>. Acesso em: 30 ago. 2018.

[22] Michaellis. **Dicionário Brasileiro da Língua Portuguesa**. São Paulo: Melhoramentos, 2017. Disponível em: <http://michaelis.uol.com.br/moderno-portugues/busca/portugues-brasileiro/Gratuito/>. Acesso em: 29 nov. 2017.

[23] Pereira, Caio Mário da Silva. **Instituições de Direito Civil: Contratos**. Volume 3. 15. ed. Rio de Janeiro: Editora Forense, 2011; p. 56.

ou vantagem patrimonial no serviço, estando os custos destes cobertos pelos benefícios daí advindos para o prestador".[24] É neste contexto de aparência de gratuidade que os serviços on-line se desenvolvem:

> Embora cresçam na rede serviços que não cobram um valor em dinheiro para o usuário deles se valer, entendeu grande parte dos tribunais nacionais que *existe onerosidade na relação entre usuário e provedor*, ainda que ela seja de natureza indireta. Isto é, *ao invés de pagar um valor em dinheiro para remunerar o provedor, o mesmo aufere eventuais lucros de outras formas, especialmente com a criação de uma base de dados sobre o usuário* (contendo seus dados cadastrais e hábitos de navegação), além de receitas com publicidade que, não raramente, exploram esses mesmos dados relativos aos seus usuários.[25]

Se o usuário não adere ao serviço com a finalidade de obter lucro, mas como destinatário final[26], caracteriza-se, então, a relação de consumo entre o provedor, que fornece a atividade no mercado de consumo, e os usuários do serviço on-line[27], que, em contrapartida, se submetem a tecnologias de rastreamento

[24] FILHO, Sergio Cavalieri. **Programa de direito do consumidor**. 4. ed. São Paulo: Atlas, 2014; p. 85.

[25] SOUZA, Carlos Affonso; LEMOS, Ronaldo. **Marco civil da internet: construção e aplicação**. Juiz de Fora, MG: Editor Editora Associada Ltda., 2016. p. 80-81 (g.n.).

[26] Cf. REBOUÇAS, Rodrigo Fernandes. **Contratos eletrônicos: Formação e Validade – Aplicações Práticas**. São Paulo: Almedina, 2015; pp. 180-188.

[27] Cf. BRASIL. Superior Tribunal de Justiça. Acórdão proferido no Recurso Especial nº 1.316.921 – RJ (2011/0307909-6). Relatora: Ministra Nancy Andrighi. Recorrente: Google Brasill Internet Ltda. Recorrido: Maria da Graça Xuxa Meneghel. **Diário Judicial Eletrônico de 26 de junho de 2012**. Disponível em: <https://ww2.stj.jus.br/processo/revista/documento/mediado/?componente=ITA&sequencial=1161904&num_registro=201103079096&data=20120629&formato=PDF>. Acesso em: 10 nov. 2017.

que coletam os seus dados pessoais.[28] Deveras, a informação pessoal – ou, mais precisamente, a autorização para que informações que dizem respeito ao usuário sejam comunicadas a ou exploradas em relações com terceiros – é, por si só, o resultado objetivado neste mercado:

> *A relevância da informação depende do sujeito que tem interesse em obtê-la e das circunstâncias.* Uma informação específica, moldada aos interesses do contratante pode ser obtida através de uma coleta, global ou por amostragem, ou obtida através de um cruzamento de determinados dados já disponíveis em um banco de dados. Esse cruzamento de dados produz uma interação própria a partir da sobreposição de um dado em função de outro. Esta prestação de serviços informativos é cada vez mais utilizada pela propaganda e marketing dirigidos a determinados grupos de consumidores, precisamente definidos.[29]

Para compreender o modelo de negócio adotado, propõe-se uma breve análise das práticas de duas das maiores empresas da atualidade: Google e Facebook.

Se, durante os primeiros anos da Google, os fundadores Larry Page e Sergey Brin fossem questionados sobre o futuro da monetização da plataforma, é provável que rejeitariam a ideia de a publicidade se tornar a principal fonte de receita. Segundo Douglas Edwards, 59º funcionário da, à época, *start-up*:

> Larry e Sergey não gostavam da base da publicidade da internet: desenhos retangulares chamados banners que piscavam e

[28] Cf. Silva, Alexandre Pacheco da. **Se você sabe quem eu sou, eu quero saber quem você é.** Inc. Soc., Brasília, DF, v. 5 n. 2, p.165-182, jan./jun. 2012.

[29] Faria, Guilherme Nacif de. **Teoria jurídica da informação**. 2010. 351 páginas. Tese de Doutorado em Direito Privado. Pontifícia Universidade Católica de Minas Gerais, Belo Horizonte, 2010; p. 107-108.

chamavam a atenção de modo irritante, e eles não a colocariam no Google. Na verdade, eles não gostavam de publicidade de modo nenhum, porque consideravam que receber dinheiro pelos anúncios criaria incentivos para alterar os resultados de busca a favor do anunciante. Ainda assim, eles tinham listado a venda de anúncios na apresentação original aos investidores como uma possível fonte de renda e estavam dispostos a considerá-la, caso pudesse ser feita de um modo direcionado e útil, e não desagradável.[30]

Em 2004, foi realizado o *IPO* (sigla para *"Initial Public Offering"*, ou "oferta pública inicial" de ações, em tradução livre) da Google. No prospecto arquivado junto à *"Securities and Exchange Commission"* (a Comissão de Valores Mobiliários dos Estados Unidos da América), a companhia apresentou as inovações de ferramenta de busca e de publicidade on-line como a sua vantagem competitiva estratégica. Na ocasião, em carta aberta aos acionistas, Larry Page reconheceu a relevância da receita publicitária para o propósito da companhia:

> Sergey e eu fundamos o Google porque acreditávamos que poderíamos fornecer um serviço importante para o mundo – disponibilizando instantaneamente informações relevantes sobre praticamente qualquer tópico. Servir aos nossos usuários é o cerne do que fazemos e continua sendo nossa prioridade número um.
>
> Nosso objetivo é desenvolver serviços que melhorem significativamente a vida de tantas pessoas quanto possível. Na busca deste objetivo, podemos fazer coisas que acreditamos ter um impacto positivo no mundo, mesmo que os retornos financeiros a curto prazo não sejam óbvios. Por exemplo, disponibilizamos nossos ser-

[30] EDWARDS, Doulgas. **Estou com sorte: as confissões do funcionário número 59 do Google**. Tradução Maria Ângela Amorim de Paschoal. Ribeirão Preto, SP: Novo Conceito Editora, 2012; p. 95.

viços da forma mais ampla possível, apoiando mais de 90 idiomas e fornecendo a maioria dos serviços gratuitamente. A *publicidade é a principal fonte de receita*, e os anúncios que fornecemos são relevantes e úteis, em vez de intrusivos e irritantes.[31]

Em 2016, os serviços publicitários foram responsáveis por 88% dos rendimentos da Alphabet[32] – holding controladora da Google – e, apenas no terceiro trimestre de 2017, a receita com propaganda somou 24,065 bilhões de dólares.[33]

Para o Facebook, o setor é ainda mais relevante: em 2016, 97% da receita da empresa foi originada de publicidade.[34]

Plataformas como Google e Facebook oferecem uma solução valiosa frente a recursos escassos: "a publicidade on-line pode

[31] "Sergey and I founded Google because we believed we could provide an important service to the world-instantly delivering relevant information on virtually any topic. Serving our end users is at the heart of what we do and remains our number one priority. Our goal is to develop services that significantly improve the lives of as many people as possible. In pursuing this goal, we may do things that we believe have a positive impact on the world, even if the near term financial returns are not obvious. For example, we make our services as widely available as we can by supporting over 90 languages and by providing most services for free. Advertising is our principal source of revenue, and the ads we provide are relevant and useful rather than intrusive and annoying." Tradução Livre. (PAGE, Larry. **An Owner's Manual" for Google's Shareholders**. Google Inc. Declaração de Registro arquivada junto à Securities and Exchange Commission, 18 Ago. 2004. Disponível em: <https://www.sec.gov/Archives/edgar/data/1288776/000119312504142742/ds1a.htm>. Acesso em: 15 nov. 2017. Grifado.)

[32] DESJARDINS, Jeff. Chart: **Here's How 5 Tech Giants Make Their Billions**. Visual Capitalist, Vancouver, 12 mai. 2017. Disponível em: <http://www.visualcapitalist.com/chart-5-tech-giants-make-billions/>. Acesso em: 25 nov. 2017.

[33] **Alphabet Announces Third Quarter 2017 Result**. Alphabet Inc. Montain View, Califórnia, 26 out. 2017. Disponível em: <https://abc.xyz/investor/pdf/2017Q3_alphabet_earnings_release.pdf>. Acesso em: 15 nov. 2017.

[34] DESJARDINS, Jeff. Chart: **Here's How 5 Tech Giants Make Their Billions**. Visual Capitalist, Vancouver, 12 mai. 2017. Disponível em: <http://www.visualcapitalist.com/chart-5-tech-giants-make-billions/>. Acesso em: 25 nov. 2017.

ser direcionada precisamente para as pessoas que a empresa quer alcançar, assim, não se desperdiça dinheiro ao evitar a exibição de anúncios para consumidores fora dos parâmetros predeterminados."[35]

No Google, o *slogan* voltado para os anunciantes é direto: "*Reach customers when it matters*"[36]. E, para isso, o Google AdWords, serviço tradicional de publicidade da plataforma, segue uma lógica aparentemente simples: o anunciante cria o texto do anúncio, seleciona palavras-chave relacionadas ao produto ou serviço e indica qual custo está disposto a pagar. O destaque, entretanto, está na possibilidade de selecionar o grupo de pessoas destinatárias do anúncio, segundo (i) limitação geográfica, (ii) características demográficas (restrição por faixa etária e gênero), (iii) assuntos de interesses do público-alvo, (iv) dispositivo utilizado na navegação (há opção, por exemplo, de restringir o resultado a pesquisas realizadas via computador) e (v) contexto (anúncio exibido em *sites* relacionados ao produto, por exemplo).[37]

Na sequência, o texto é submetido à revisão, oportunidade na qual a Google verifica a existência de conteúdo proibido (*v.g.* venda de produtos falsificados), de práticas proibidas (*v.g.* referência à orientação sexual do usuário), de conteúdo restrito (*v.g.* propagandas de bebidas alcóolicas) e, por fim, se foram cumpridos os requisitos editoriais e técnicos, para garantir que os anúncios sejam "agradáveis" e de fácil interação. Se aprovado, o

[35] KAYE, Kate. **Digital Advertising Takes a Hit**. MIT Technology Review, Business Impact, 5 mai. 2017. Disponível em:<https://www.technologyreview.com/s/604321/digital-advertising-takes-a-hit/>. Acesso em: 15 nov. 2017.

[36] GOOGLE INC. **Google Ads**. Disponível em: <https://www.google.com/intl/pt-br/ads/>. Acesso em 28 nov. 2017.

[37] GOOGLE INC. **Ajuda do AdWords**. Disponível em: <https://support.google.com/adwords/topic/3121935?hl=pt-BR&ref_topic=3119122>. Acesso em 28 nov. 2017.

anúncio será exibido no próprio buscador do Google, segundo a relevância dos termos indicados em relação às pesquisas realizadas, ou em *sites* afiliados.[38]

Do ponto de vista da tecnologia, ainda há bastante espaço para otimizar a segmentação. Mecanismos de geolocalização, por exemplo, já permitem a exibição de anúncios específicos para pessoas que estão fisicamente próximas a locais predeterminados.[39] Sobre este ponto, vale lembrar que, além do Google Maps, o aplicativo de trânsito e navegação Waze foi adquirido pela Google em 2013. Em entrevista concedida ao Portal B9, a Diretora de Marketing do Waze exemplificou uma das possibilidades de anúncio no aplicativo:

> É isso o fascinante da mídia do Waze: a possibilidade de ser feita uma segmentação pensando em um contexto, no local onde a pessoa está e para onde ela está indo. Então, é possível determinar: Qual o horário do dia? De manhã. Próximo do meu caminho, o que tem? Um Posto Ipiranga e, dentro do posto, uma padaria. Então, possivelmente o usuário vai ver [o anúncio dos] pãezinhos. Quando você está voltando para casa, [suponhamos que] no seu caminho tem um [supermercado] Pão de Açúcar. São 18h40 e você pensa: "não tenho nada na geladeira para fazer o jantar, preciso parar no mercado". Clico no logo e dirijo até o mercado.[40]

[38] GOOGLE INC. **Ajuda do Políticas de publicidade do AdWords**. Disponível em: <https://support.google.com/adwordspolicy/answer/6008942?visit_id=1-636472682897401805-2838803745&rd=1>. Acesso em 28 nov. 2017.

[39] GOOGLE INC. **GEOLOCALIZAÇÃO: a mensagem certa, na hora certa**. Disponível em <https://www.thinkwithgoogle.com/intl/pt-br/marketing-resources/programatica/geolocalizacao-a-mensagem-certa-na-hora-certa/>. Acesso em 28 nov. 2017.

[40] ROSARIO, Flavia. **Código Aberto: Flavia Rosario, Head de Marketing, Waze.** B9, 15 mai. 2017. Entrevista concedida a Carlos Merigo. Áudio de Podcast. Disponível em: <http://www.b9.com.br/74196/codigo-aberto-flavia-rosario-head-de-marketing-waze/>. Acesso em: 15 nov. 2017.

Os desafios atuais visam ao aperfeiçoamento da tecnologia de *machine learning*, que pode ser definida como "a prática de usar algoritmos para coletar dados, aprender com eles, e então fazer uma determinação ou predição sobre alguma coisa no mundo"[41]. Segundo Marvin Chow, Vice-Presidente de Marketing do Google, em breve será possível analisar todos os sinais recebidos do consumidor – não apenas preferências básicas, "mas também seu histórico de compras e outros atributos com relevância contextual. E tudo isso de um jeito otimizado e instantâneo".[42]

Para o Facebook, a identificação do contexto parece ser menos desafiadora, afinal: "Seu público está aqui". Segundo a companhia, "são dois bilhões de pessoas no mundo inteiro utilizando a rede social mensalmente."[43] Ao dar às pessoas espaços para compartilhar informações pessoais, a empresa é capaz de descrever o seu comportamento enquanto consumidor: além da segmentação similar ao AdWords, é oferecido aos anunciantes o serviço "Informações do Público", com uma visão geral dos dados demográficos, interesses, *hobbies* e estilo de vida das pessoas cujas interações tenham conexão prévia ou potencial com o anunciante.[44]

[41] DATA SCIENCE BRIGADE. **A Diferença Entre Inteligência Artificial, Machine Learning e Deep Learning**. Disponível em: <https://medium.com/data-science-brigade/a-diferen%C3%A7a-entre-intelig%C3%AAncia-artificial-machine-learning-e-deep-learning-930b5cc2aa42>. Acesso em: 28 nov. 2017.

[42] GOOGLE INC. **Inteligência Artificial e Machine Learning: o caminho para a relevância em escala**. Disponível em: <https://www.thinkwithgoogle.com/intl/pt-br/advertising-channels/novas-tecnologias/inteligencia-artificial-e-machine-learning-o-caminho-para-relevancia-em-escala/>. Acesso em: 28 nov. 2017.

[43] FACEBOOK. **Escolha seu público.** Facebook para empresas. Disponível em: <https://www.facebook.com/business/products/ads/ad-targeting#>. Acesso em 28 nov. 2017.

[44] FACEBOOK. **Informações do público.** Facebook para empresas. Disponível em: <https://www.facebook.com/business/learn/facebook-audience-insights>. Acesso em 28 nov. 2017.

Nas palavras do advogado Michael Kauffman, diferente do Google, que é capaz de categorizar grupos segundo os interesses revelados em pesquisas, mesmo que anônimas, o Facebook conhece a pessoa do usuário. É dizer:

> O Facebook sabe qual é o anúncio adequado porque conhece Emily [pessoa hipotética]. Sabe que ela acabou de comprar uma casa. Que ela tem certa idade e gênero e vive onde vive. O Facebook também sabe que ela tem amigos que estão reformando sua casa e que Emily "curte" suas postagens. A questão-chave aqui é que o Facebook conhece dados pessoais sobre Emily, uma pessoa identificável e, em seguida, exibe anúncios para a Emily com base em dados pessoais.[45]

Há quem sugira a alternativa de o usuário pagar pelos serviços, em dinheiro, para preservar a integridade de seus dados pessoais.[46] Entretanto, ainda que estas plataformas adotassem um modelo de financiamento baseado exclusivamente no pagamento em dinheiro, é provável que parcela considerável da população seria excluída do acesso.

[45] "Facebook knows the best ads to serve because Facebook knows about Emily. That she just bought a house. That she is of a certain age and gender and lives where she does. Facebook also knows that she has friends in the home improvement stage of life and that Emily "likes" certain of their posts. The key here is that Facebook knows personal data about Emily, an identifiable person, and then serves ads to Emily based on that personal data." Tradução livre. KAUFFMAN, Michael. **Is the EU Taking Sides? Ney Privacy Law Hits Facebook Harder Than Google**. Forbes, Valley Voices, 29 ago. 2017. Disponível em:<https://www.forbes.com/sites/valleyvoices/2017/08/29/new-privacy-law-hits-facebook-harder-than-google/#4f64e5ec68e5>. Acesso em: 15 nov. 2017.

[46] Cf. TUFEKCI, Zeynep. **Mark Zuckerberg, Let Me Pay for Facebook**. NY Times, Opinion, 4 jun. 2015. Disponível em: <https://www.nytimes.com/2015/06/04/opinion/zeynep-tufekci-mark-zuckerberg-let-me-pay-for-facebook.html>. Acesso em: 17 nov. 2017.

Por certo, considerando que toda a relação ocorre em meio virtual, sem contato físico entre fornecedor e usuário, existem desafios sociais práticos anteriores que precisariam ser superados: como, por exemplo, o fato de cerca de 2 bilhões de adultos no mundo não terem acesso a serviços bancários.[47] Como, então, estas pessoas poderiam – e admitindo a hipótese de que teriam condições financeiras para tanto – realizar pagamentos virtuais recorrentes?

De toda forma, o modelo de financiamento atual traz uma questão relevante: os usuários de fato se dispõem a entregar os seus dados pessoais como contrapartida ao acesso aos serviços usufruídos? Há quem entenda que não o fazem conscientemente:

> O truque é que a maioria das pessoas pensa estar conseguindo um bom negócio do Facebook: acreditamos que o Facebook é "gratuito" e, como explicam os professores de marketing, "consumidores reagem excessiva e emocionalmente ao que é grátis". A maioria das pessoas não sente que está realizando um pagamento quando este pagamento ocorre em dados pessoais e não há a sensação de ter sido entregue algo. Se você der a cada um de seus amigos cem dólares, você pode ficar sem dinheiro e ter mais dificuldades em comprar o jantar. Mas você pode entregar dados pessoais ou fotos para cem comerciantes sem se sentir mais pobre.[48]

[47] WORLD BANK. **UFA2020 Overview: Universal Financial Access by 2020**. Disponível em: <http://www.worldbank.org/en/topic/financialinclusion/brief/achieving-universal-financial-access-by-2020>. Acesso em: 29 nov. 2017.

[48] "The trick is that most people think they are getting a good deal out of Facebook; we think of Facebook to be "free," and, as marketing professors explain, "consumers overreact to free." Most people don't feel like they are actually paying when the payment is personal data and when there is no specific sensation of having handed anything over. If you give each of your friends a hundred dollars, you might be out of money and will have a harder time buying dinner. But you can hand over your personal details or photos to one hundred

É essa a reflexão da próxima seção deste artigo.

3. O Consentimento do Usuário

As normas que regulam o tratamento de dados pessoais por provedores de serviços on-line exigem que seja obtido, previamente, o consentimento expresso do usuário titular. Mais além: a norma não se refere a um consentimento qualquer, mas a um consentimento qualificado.

Na União Europeia, o Regulamento (UE) 2016/679, artigo 4º, define **consentimento do titular dos dados** como "uma manifestação de vontade, *livre, específica, informada e explícita*, pela qual o titular dos dados aceita, mediante *declaração ou ato positivo inequívoco*, que os dados pessoais que lhe dizem respeito sejam objeto de tratamento".[49]

No ordenamento brasileiro, o Marco Civil assegura ao usuário o direito de não ter seus dados pessoais fornecidos a terceiros, "salvo mediante consentimento *livre, expresso e informado*" (artigo 7º, inciso VII), bem como o direito a manifestar seu "consentimento *expresso* sobre a coleta, uso, armazenamento e tratamento de dados pessoais, que deverá ocorrer *de forma destacada das demais cláusulas contratais*" (art. 7º, inciso IX).

Fazendo coro com a legislação anterior, a Lei Geral de Proteção de Dados brasileira prevê que, para cumprimento da obrigação legal de obtenção de consentimento (art. 7º, inciso I), não basta a mera declaração do titular dos dados. O consentimento deve ser qualificado, exigindo-se o seu fornecimento por escrito, em cláusula contratual destacada, ou por outro meio que, de modo inequívoco, demonstre a manifestação de vontade (art. 8º,

merchants without feeling any poorer." Tradução Livre. WU, Tim. **Facebook should pay all of us**. The New Yorker, Currency, 14 ago. 2015. Disponível em: <https://www.newyorker.com/business/currency/facebook-should-pay-all-of-us>. Acesso em: 17 nov. 2017.

49 UNIÃO EUROPEIA. *Op. cit.*

caput e §1º). Ainda, a autorização limitar-se-á à finalidade específica informada ao titular, sendo nulas autorizações genéricas (art. 8, §4º) e, se o tratamento de dados pessoais for condição para o fornecimento de produto ou de serviço, o titular deve ser informado sobre este fato (art. 9º, §3º).

Propõe-se, mais uma vez, uma breve observação das práticas adotadas por Google e Facebook.

Em um texto com *hiperlinks* para descrições mais detalhadas, lê-se nos Termos de Utilização do Google:

> As Políticas de Privacidade do Google explicam o modo como tratamos seus dados pessoais e protegemos sua privacidade quando você usa nossos Serviços. *Ao utilizar nossos Serviços, você concorda que o Google poderá usar esses dados de acordo com nossas políticas de privacidade.*[50]

A citada Política de Privacidade é exposta em outro texto, este iniciado por: "Quando você usa nossos serviços, está confiando a nós suas informações."[51] Na sequência, são esclarecidos (i) quais informações são recolhidas e porquê; (ii) como essas informações são utilizadas; (iii) em que circunstâncias as informações são compartilhadas com terceiros; e, por fim, (iv) os mecanismos de controle concedidos ao usuário para gerenciamento dos dados expostos.[52]

Os *hiperlinks* relacionados durante o texto levam a outras páginas, que repetem os termos com redação mais enxuta e ilustrativa – a exemplo da página intitulada "Queremos que

[50] GOOGLE INC. **Termos de Serviço**. Google Privacidade e Termos. Disponível em: <https://policies.google.com/terms?hl=pt-BR >. Acesso em: 08 out. 2018.

[51] GOOGLE INC. **Política de Privacidade**. Google Privacidade e Termos. Disponível em: <https://policies.google.com/terms?hl=pt-BR >. Acesso em: 08 out. 2018.

[52] *Idem, ibidem.*

você entenda quais dados coletamos e utilizamos", na qual os dados coletados são elencados em três tipos: "coisas que você faz", "coisas que você cria" e "coisas que fazem parte de você".[53]

A Google assume, entretanto, o compromisso de não vender informações pessoais a terceiros:

> Boa parte dos nossos negócios baseia-se na exibição de anúncios, tanto em serviços do Google como em websites e aplicativos para dispositivos móveis com os quais temos parcerias. Os anúncios ajudam a manter nossos serviços gratuitos para todos. Usamos dados para mostrar esses anúncios a você, mas não vendemos informações pessoais como seu nome, seu endereço de e-mail e suas informações de pagamento.
>
> (...)
>
> *Fornecemos dados aos anunciantes sobre o desempenho dos anúncios, mas não revelamos suas informações pessoais*. Protegemos essas informações e mantemos a privacidade delas em todas as etapas do processo de exibição de anúncios.[54]

Por sua vez, os Termos de Serviço do Facebook, anteriormente conhecidos como Declaração de Direitos e Responsabilidades, que também faz uso de *hiperlinks*, prevê:

> Para fornecer estes serviços, precisaremos coletar e usar seus dados pessoais. *Detalhamos nossas práticas na Política de Dados, com a qual você deve concordar para usar nossos Produtos.*

[53] GOOGLE INC. **Queremos que você entenda quais dados coletamos e utilizamos.** Google Privacidade. Disponível em: <https://privacy.google.com/your-data.html>. Acesso em: 08 out. 2018.

[54] GOOGLE INC. **Como funcionam os anúncios: Não vendemos suas informações pessoais a terceiros.** Disponível em: <https://privacy.google.com/how-ads-work.html>. Acesso em 20 nov. 2017 (g.n.).

> Também recomendamos que você analise as opções de privacidade em suas configurações.
>
> (...)
>
> Trabalhamos com parceiros externos que nos ajudam a fornecer e a aprimorar nossos Produtos ou que usam as Ferramentas de Negócios do Facebook para ampliar os negócios, o que possibilita a operação de nossas empresas e o fornecimento de serviços gratuitos para pessoas do mundo inteiro. *Não vendemos nenhuma de suas informações para ninguém e jamais o faremos.* Também impomos fortes restrições sobre como nossos parceiros podem usar e divulgar os dados que fornecemos. Aqui estão os tipos de terceiros com os quais compartilhamos informações: (...).[55]

A referida Política de Dados é exposta de modo detalhado e simples. A linguagem não é rebuscada. Caso se dedique à leitura dos diversos itens, o usuário será capaz de entender, quanto às informações pessoais, (i) quais são os tipos são coletadas, (ii) como são usadas pelo Facebook, (iii) como são compartilhadas, (iv) como o usuário pode gerenciar ou excluir informações pessoais, (v) como o Facebook responde solicitações judiciais, (vi) como a troca de informações é operacionalizada em âmbito internacional, (vii) como os usuários serão notificados sobre eventuais alterações na política e, finalmente, (viii) como entrar em contato com a empresa para sanar dúvidas.

Pois bem. Os termos de uso representam, na esfera jurídica, um contrato, com o diferencial de ser formado no meio eletrônico. É dizer: trata-se de "negócio jurídico contratual realizado pela manifestação de vontade, das posições jurídicas ativa e passiva, expressada por meio (=forma) eletrônico no momento de sua formação".[56]

[55] FACEBOOK. **Declaração de Direitos e Responsabilidades**. Disponível em: <https://www.facebook.com/terms.php/>. Acesso em: 08 out. 2018.

[56] REBOUÇAS, Rodrigo Fernandes. *Op. cit.*, p. 33.

Para concluir esta contratação, o usuário – pessoa natural – interage com o *site* ou aplicativo do provedor do serviço (sistema pré-programado) e, se optar por seguir com o cadastro na plataforma, deverá, antes, aderir às condições preestabelecidas pelo fornecedor[57], manifestando a sua concordância ao apertar o botão de aceite (os denominados *"click wrap agréments"* ou *"point and click agréments"*).[58] É este – apertar o botão de aceite – o ato positivo inequívoco do qual se deduz a intenção manifesta do aderente "de submeter-se ao regulamento contratual e essa manifestação de vontade é suficiente para que se forme o contrato".[59]

Trata-se, portanto, de um contrato de adesão, o que significa dizer que não há lugar para contraproposta, tampouco discussão sobre o seu conteúdo: o poder do usuário limita-se à opção de contratar ou não e, caso contrate, de configurar os limites de tratamento de seus dados pessoais, segundo as alternativas dadas pelo provedor. Ainda que, de toda forma, eles sejam coletados.

Em resumo:

> A contratação em massa contrapõe-se assim à produção artesanal, em que o produto era encomendado, o fabricante conhecia o consumidor, os seus gostos e preferências, colocando à sua disposição um produto individualizado. O contrato negociado acompanhava, no plano jurídico, esta realidade que lhe era subjacente.
>
> (...) nos contratos padronizados, pré-formulados por uma grande empresa industrial ou prestadora de serviços, a outra parte, normalmente um indivíduo que integra uma massa anô-

[57] *Ibidem*, p. 49-50.

[58] Martins, Guilherme Magalhães. **Formação dos Contratos Eletrônicos de Consumo via Internet**. 2 ed. Rio de Janeiro: Editora Lumen Juris, 2010; p. 113.

[59] Miranda, Custodio da Piedade Ubaldino. **Contrato de Adesão**. São Paulo: Atlas, 2012; p. 72.

> nima de pessoas, já não dispõe desse poder [de plasmar o próprio conteúdo contratual], porque se vê diante de um modelo contratual, dotado de força normativa, de total (ou quase) rigidez de conteúdo, limitando-se a prestar a sua adesão contratual com que se defronta, se quiser contratar.[60]

Tomando-se como base os termos de uso até então analisados (Google e Facebook), tem-se que todos os demais elementos de existência do negócio jurídico estão presentes – em resumo, forma, objeto, agente, lugar e tempo. Considerando-se tal cenário, o negócio jurídico adquire existência a partir do momento em que o usuário, aderente, aperta o botão de aceite, *in casu*, a exteriorização da declaração de sua vontade.[61]

Perceba-se: tal ato adquire extrema importância, pois a exteriorização da declaração de vontade, no ato de apertar um botão e aderir aos termos de uso da plataforma, traz consigo a circunstância negocial, "isto é, aquele *quid*, irredutível à expressão e ao conteúdo, que faz com que uma manifestação de vontade seja vista socialmente como destinada à produção de efeitos jurídicos".[62]

E isso importa, porque "a vontade não é elemento do negócio jurídico; o negócio é somente a declaração de vontade. Cronologicamente, ele surge, nasce, por ocasião da declaração; sua existência começa nesse momento; todo processo volitivo anterior não faz parte dele."[63]

Vencida a etapa de verificação da existência do negócio jurídico, é necessário se dar o próximo passo, na análise do plano de validade, onde se verificam as qualidades "que o negócio jurí-

[60] Ibidem. p. 16-17.

[61] Cf. AZEVEDO, Antônio Junqueira de. **Negócio Jurídico: Existência, Validade e Eficácia**. 4. ed. São Paulo: Saraiva, 2002; p. 23-40.

[62] *Ibidem*, p. 32.

[63] *Ibidem*, p. 81.

dico deve ter ao entrar no mundo jurídico"[64]. Mais uma vez, para manter o foco do estudo, assume-se, desde já, que (i) quanto à forma, o contrato seja escrito ou formalizado por outro meio que demonstre a manifestação de vontade do titular dos dados[65]; (ii) o objeto – o serviço a ser prestado – esteja determinado; e, como hipótese, (iii) o agente seja capaz e legitimado para o negócio e que delibere de boa-fé. A licitude do objeto negocial será enfrentada posteriormente.

Nesta seara, quanto à declaração de vontade, a qualificação coincide com aquela prevista nas letras do Marco Civil e detalhada na Lei Geral de Proteção de Dados (consentimento livre, expresso e informado). Logo, deve-se examinar se a declaração de vontade é: "a) *resultante de processo volitivo*; b) *querida com plena consciência da realidade*; c) *escolhida com liberdade*".[66]

No que se refere à declaração de vontade ser (a) resultante de processo volitivo e (c) escolhida com liberdade, não há razão para pressupor o contrário – com efeito, o êxito do setor demonstra a existência de alta demanda. Conforme observa Fernando Araújo:

> ... há que não se subestimar o ascendente do elemento qualitativo ou emotivo nas escolhas dos aderentes/consumidores, que conduz a comparação de atributos do objeto negocial que, se por um lado perturbam ou inviabilizam as ponderações de

[64] *Ibidem*, p. 42.

[65] A Lei Geral de Proteção de Dados exige que o consentimento seja manifesto por escrito ou por outro meio que demonstre a manifestação de vontade do titular (art. 8º). Por outro lado, vale ressaltar a conclusão do Professor Rodrigo Rebouças: "Portanto, conforme aqui demonstrado e sustentado por sólida doutrina nacional e internacional, entendemos ter comprovado que a contratação por meio eletrônico, quanto a sua forma, terá plena validade, já que a lei preestabeleceu como regra geral a forma livre de contratação dos negócios, sendo a exceção, a formalidade." (Rebouças, Rodrigo Fernandes. *Op. cit.*, p. 124).

[66] Azevedo, Antônio Junqueira. *Op. cit.;* p. 43.

custo benefício, em *contrapartida refletem a liberdade de escolha tão efetiva e claramente como qualquer outra decisão que, por qualquer razão, tenha apenas a vantagem de ser mais facilmente quantificável.* Por outras palavras, o próprio fato de poderem interferir aqui todos os vieses associáveis à racionalidade limitada *nada nos informa quanto ao grau de satisfação do aderente* nem quanto ao grau de proteção que, no plano dos factos, ele beneficia: ele não é um *cyborg* maximizador, e são infinitamente variadas as formas idiossincráticas da sua realização individual através das formas contratuais e dos mecanismos de mercado – a simples invocação de razões qualitativas para fundamento das escolhas deve ser motivo bastante para aconselhar prudência nas conclusões.

(...)

... a standardização dos formulários e as cláusulas contratuais gerais não são melhor solução no comércio eletrônico do que no comércio em geral, porque num âmbito e no outro são poucos os que as lêem (se é que alguém as lê).[67]

Ademais, mesmo diante do contrato de adesão, a contratação pressupõe que o aderente exerça (atividade positiva) a faculdade de contratar. A este respeito, os esclarecimentos de Custodio Miranda:

Há que se distinguir aqui, como momentos de liberdade contratual, o *poder de autodeterminação* da pessoa, que se traduz na faculdade que lhe assiste, de decidir: (a) se deve contratar ou não; (b) com quem contratar; (c) que tipo de contrato escolher para a satisfação de suas necessidades; e *o poder da autonomia privada* (...) que, supondo que já estão resolvidas as questões a, b e c, outorga ao indivíduo esse poder, facultando-lhe a possibilidade de plasmar o conteúdo contratual, precisamente para poder alcançar os efeitos a que visa e destinados à satisfação de suas necessidades.

[67] Araujo, Fernando. P. 467-469.

> Ora, esse poder fica restringido, no contrato de adesão, no seu *exercício*, por exigências práticas a que o mesmo dá resposta [grande fluxo de transações], mas nem por isso deixa de existir o *gozo* do mesmo poder em toda a sua plenitude.[68]

Apesar da nitidez dos elementos acima citados, é menos clara a reflexão sobre a declaração de vontade ser ou não (b) querida com plena consciência da realidade.

Aqui, não se deve cair no lugar comum da defesa cega do consumidor. Dada ao usuário a oportunidade de acessar as condições gerais da contratação previamente – conforme mandamento do artigo 46 do Código de Defesa do Consumidor[69] ("CDC") –, incumbe a este consumidor-aderente, com uso da diligência comum, "a **responsabilidade** por uma atividade de que não pode declinar, a de conhecer o conteúdo do contrato no momento de sua celebração".[70]

Claramente, no âmbito dos contratos de adesão, deve-se prestar maior atenção ao conhecimento do contratante. E, para tanto, é imprescindível que os termos de serviço sejam escritos com clareza, sob pena, inclusive, de o conteúdo se revelar ambíguo, levando à interpretação mais favorável ao aderente, seja ele consumidor (artigo 47 do CDC) ou não (artigo 423 do Código Civil).

Definir o que são os parâmetros caracterizadores de um texto simples, sobretudo em países como o Brasil, no qual a taxa de analfabetismo funcional chega a, aproximadamente, 68%,[71]

[68] Miranda, Custodio da Piedade Ubaldino. *Op. cit.*; pp. 52-53.

[69] "Art. 46. Os contratos que regulam as relações de consumo não obrigarão os consumidores, se não lhes for dada a oportunidade de tomar conhecimento prévio de seu conteúdo, ou se os respectivos instrumentos forem redigidos de modo a dificultar a compreensão de seu sentido e alcance."

[70] Miranda, Custodio da Piedade Ubaldino. *Op. cit.*, p. 95.

[71] Castro, Gabriel de Arruda. **Nem 1%, nem 80%: a real taxa de analfabetismo funcional entre universitários.** Disponível em: <http://www.gazetado-

não é tarefa fácil. Entretanto, não é razoável exigir que o estipulante, "na redação dos instrumentos contratuais, padronizados e destinados a uma comunidade mais ou menos ampla de pessoas, (...) tenha em vista as condições pessoais do aderente, os seus dotes subjetivos de inteligência e de cultura".[72] Nesse ponto, ainda que se conclua que o problema existe, é premente afirmar que sua existência não invalida, por si só, as contratações em geral.

E isso estaria de acordo com a paulatina popularização das inovações tecnológicas. A troca de informações é o substrato da tecnologia informática e há expectativa de que esta realidade seja de conhecimento ordinário:

> ...a realização de contratos através da *Internet* requer do consumidor um especial conhecimento – minimamente razoável – sobre o funcionamento da rede, isto é, como acessar um determinado *site*, como localizar determinado bem ou serviço que se deseja contratar, como garantir a sua segurança, enfim, como se "movimentar neste espaço".
>
> A questão da segurança na rede traz à baila a noção do risco informático, que sugere um dever de diligência por parte do consumidor que contrata através da Internet. (...) Quem opera através da internet deve assumir que os benefícios próprios do alcance universal do meio vão unidos à possibilidade de ver-se submetido ao ajuizamento de suas operações por uma jurisdição muito distante.[73]

Há um fator, entretanto, que é posto de forma equívoca para os usuários: conforme já demonstrado e, **ao contrário do que**

povo.com.br/educacao/nem-1-nem-80-a-real-taxa-de-analfabetismo-funcional-entre-universitarios-8eipsba6xmr44t7602oum3pq4>. Acesso em: 24 nov. 2017.

[72] MIRANDA, Custodio da Piedade Ubaldino. *Op. cit.*, p. 97.

[73] MULHOLLAND, Caitlin. **Internet e Contratação: Panorama nas relações contratuais eletrônicas de consumo.** Rio de Janeiro: Renovar, 2006; p. 90-91.

é divulgado para o mercado consumidor, os provedores não oferecem serviços gratuitamente; a contraprestação do usuário existe, ainda que se dê de forma indireta, ou, com moeda diversa da usual.

A tecnologia de rastreamento e processamento de dados, por outro lado, não é de conhecimento comum. Assim, o uso do adjetivo "gratuito" para designar os serviços que são oferecidos em troca da permissão para coleta e tratamento de dados, cria dificuldades à compreensão do conteúdo contratual e, diante da assimetria de informações, compromete a higidez da declaração de vontade do aderente.

Logo, ainda que os elementos de existência do negócio jurídico estejam presentes, não é possível concluir que, no que se refere ao consentimento expresso exigido pelo Marco Civil da Internet e pela Lei Geral de Proteção de Dados, todos os requisitos de validade do negócio jurídico estejam presentes na generalidade dos casos. É recomendável, portanto, que os provedores deixem de anunciar os serviços dando-lhes roupagem de gratuidade.

Destaque-se que, do ponto de vista da relação consumerista, a omissão desta informação ou a ausência da sua colocação de forma ostensiva fere o direito básico do consumidor à informação adequada e clara sobre o serviço (art. 6º, inciso III, do CDC). Outrossim, a divulgação do serviço como "gratuito" sem de fato sê-lo pode induzir em erro o consumidor e tipificar publicidade abusiva (art. 37, parágrafo único, do CDC).

Cabe, ainda, analisar a licitude do objeto, o que se fará na seção a seguir.

4. Licitude da Coleta de Dados

O indivíduo tem o direito de abrir mão de sua própria privacidade em troca da experimentação de serviços disponibilizados por alguém disposto a fazer dinheiro com seus dados pessoais?

No ano de 2002, a Rede Globo trouxe ao Brasil o programa *Big Brother*, em que algumas pessoas são filmadas a todo o tempo, enquanto confinadas em uma casa, por cerca de dois meses.

Ora, se tais pessoas puderam dispor de seus direitos de imagem e de sua privacidade, visando ao prêmio final de meio milhão de reais, por que não poderia um indivíduo qualquer dispor de seus dados de navegação, buscas na internet, rede de contatos, fotos tiradas, etc., para receber, em troca, os serviços providos pelas empresas de tecnologia?

A licitude diz respeito à possibilidade jurídica do ato subsistir frente à lei.[74] E não há, no ordenamento jurídico brasileiro, vedação para que um indivíduo disponha sobre as informações que lhe dizem respeito, desde que mediante consentimento livre, expresso e informado. Com efeito, ao regulamentar os casos em que o tratamento de dados pessoais é condição para o fornecimento de produto ou de serviço (art. 9, §3º), a Lei Geral de Proteção de Dados assume a possibilidade de as informações pessoais serem utilizadas como contraprestação, garantindo ao titular, dentre outros, o direito de revogar o seu consentimento, a qualquer tempo (art. 19, inciso IX).

Trata-se, portanto, de faculdade de autodeterminação do sujeito de direitos.

Tampouco há que se pressupor uma violação aos direitos e garantias fundamentais à privacidade ou à inviolabilidade de dados. Eis a reflexão do Professor Tércio Sampaio:

> No que tange à intimidade, é a informação daqueles dados que a pessoa guarda para si e que dão consistência à sua pessoalidade dados de foro íntimo, expressões de auto-estima, ava-

[74] Pereira, Caio Mário da Silva. **Instituições de Direito Civil. Introdução ao Direito Civil: teoria geral do Direito Civil**. Volume 1. 23. ed. Rio de Janeiro: Editora Forense, 2009; p. 416-417.

liações personalíssimas com respeito a outros, pudores, enfim dados que, quando constantes de processos comunicativos, *exigem do receptor extrema lealdade e alta confiança*, e que, se devassados, desnudariam a personalidade, quebrariam a consistência psíquica, destruindo a integridade moral do sujeito. Em termos do princípio da exclusividade, diríamos que esta é, nesses casos, de grau máximo. Em conseqüência, *o emissor pode comunicar tais dados, se o desejar*, mas a ninguém é dado exigir dele a informação transmitida, salvo em casos especialíssimos em que a intimidade de alguém venha a interferir na intimidade de outrem (...).

No que diz respeito à *vida privada, é a informação de dados referentes às opções da convivência*, como a escolha de amigos, a freqüência de lugares, os relacionamentos civis e comerciais, ou seja, de dados que, embora digam respeito aos outros, não afetam, em princípio, direitos de terceiros (exclusividade da convivência). *Pelo sentido inexoravelmente comunicacional da convivência, a vida privada compõe, porém, um conjunto de situações que, usualmente, são informadas sem constrangimento*. São dados que, embora privativos – como o nome, endereço, profissão, idade, estado civil, filiação, número de registro público oficial, etc. -, condicionam o próprio intercâmbio humano em sociedade, pois constituem elementos de identificação que tornam a comunicação possível, corrente e segura. Por isso, a proteção desses dados em si, pelo sigilo, não faz sentido. Assim, a inviolabilidade de dados referentes à vida privada só tem pertinência para aqueles associados aos elementos identificadores usados nas relações de convivência, as quais só dizem respeito aos que convivem. Dito de outro modo, os elementos de identificação só são protegidos quando compõem relações de convivência privativas: a proteção é para elas [relações de convivência], não para eles [elementos identificadores]. (...) Afinal, o risco à integridade moral do sujeito, objeto do direito à privacidade, não está no nome, mas na exploração do nome, não está nos elementos de identificação que condicionam as relações privadas, mas na apropriação dessas relações por terceiros a quem elas não dizem respeito.[75]

Daí se conclui que, mesmo se superado o problema da consciência da realidade, tornando-se clara para o usuário a forma de remuneração dos serviços on-line, o desafio da proteção à privacidade de dados não está na submissão ao vínculo contratual, mas no cumprimento dos deveres imputados ao provedor de serviços no que se refere à guarda e ao tratamento dos dados coletados. Nos termos dispostos no Marco Civil:

> Art. 11. Em qualquer operação de coleta, armazenamento, guarda e tratamento de registros, de dados pessoais ou de comunicações por provedores de conexão e de aplicações de internet em que pelo menos um desses atos ocorra em território nacional, deverão ser obrigatoriamente respeitados a legislação brasileira e os direitos à privacidade, à proteção dos dados pessoais e ao sigilo das comunicações privadas e dos registros.

A preocupação também se positiva na Lei Geral de Proteção de Dados:

> Art. 46. Os agentes de tratamento devem adotar medidas de segurança, técnicas e administrativas aptas a proteger os dados pessoais de acessos não autorizados e de situações acidentais ou ilícitas de destruição, perda, alteração, comunicação ou qualquer forma de tratamento inadequado ou ilícito.
>
> Art. 47. Os agentes de tratamento ou qualquer outra pessoa que intervenha em uma das fases do tratamento obriga-se a garantir a segurança da informação prevista nesta Lei em relação aos dados pessoais, mesmo após o seu término.

[75] FERRAZ JÚNIOR, Tércio Sampaio. *Op. cit.*, p. 449-450 (g.n.).

Quanto a este ponto, o Marco Civil acerta ao prever sanções específicas para a hipótese de violação das obrigações impostas (art. 12). Do mesmo modo, a Lei Geral de Proteção de Dados prevê consequências para infrações às normas estabelecidas (art. 52). Com efeito, atribuir aos provedores de serviço a responsabilidade pelo dano se revela como a solução mais eficiente: cria-se um custo relevante para a negligência e, em contrapartida, um incentivo para que as empresas de tecnologia se dediquem à diligência e à precaução contra vazamentos ou emprego ilícito dos dados coletados.[76]

Conclusão

O mercado de publicidade on-line ganha cada vez mais relevância no financiamento de empresas de tecnologia, as quais, por sua vez, têm grande representatividade na economia mundial. Mas, além de se destacarem pelo grande faturamento, essas empresas têm sido responsáveis pelo desenvolvimento de soluções capazes de levar a oportunidade da interação on-line a cidadãos que, até então, estavam excluídos da sociedade de informação.

Assim, há que se tratar com cautela as restrições impostas aos provedores de serviços que lidam com o trânsito de dados pessoais, para que não se transmutem em inibição da sua atividade. Para tanto, é preciso ter em mente que não há um *trade-off* entre a garantia ao direito à privacidade e ao sigilo de dados e a fruição dessa espécie de serviços. Ao contrário, é possível (e desejável) a sua coexistência.

A Internet é, antes de tudo, um meio de comunicação. Neste contexto, ao indivíduo é garantido o direito de decidir o que quer comunicar e para quem, sendo que, em grande parte das

[76] Araújo, Fernando. **Teoria Econômica do Contrato**. Coimbra: Edições Almedina, SA, 2007; pp. 482-485 e 846-849.

vezes, por razões as quais não cabe ao Direito questionar, ele deseja estar on-line. Não é possível se afastar, de toda forma, do fato de esta opção ocorrer em um ambiente cuja matéria-prima é a informação e de o usuário expor, de modo espontâneo, detalhes que, antes, apenas a ele diziam respeito.

Cabe ao ordenamento jurídico, nestas circunstâncias, promover os controles para que todas as partes busquem, no nascimento das obrigações, o consentimento livre, expresso e informado do usuário, exigindo-se do aderente (empresário ou consumidor) o dever de tomar conhecimento sobre o conteúdo dos Termos de Serviços e, ao provedor que preestabelece as "regras do jogo", o dever de informar, sem omissões ou afirmações enganosas.

Durante a execução do contrato, imputa-se aos prestadores de serviço a obrigação de cuidar – ou, em termos práticos, de agir preventivamente – para que os limites do consentimento dado pelo usuário sejam respeitados. E está é a medida mais eficiente, por ser o prestador a parte que tem maior condição técnica de e o menor custo global para garantir que os direitos dos usuários não serão prejudicialmente expostos.

Em verdade, além do desenvolvimento tecnológico, a defesa da segurança jurídica dos contratos de adesão e da serventia que é dada às informações pessoais visa também à proteção da experiência na rede e da liberdade que o usuário possui enquanto a vivencia.

Entretanto, esclarecida a questão contratual, restaria outra que, apesar da origem similar, representa risco nefasto àquele ganho social: o excesso de personalização deturpa a experiência do usuário? Existe um *trade-off* entre a publicidade on-line comportamental e a neutralidade da Internet? Fica a sugestão para um próximo debate.

Referências

ALPHABET INC. **Alphabet Announces Third Quarter 2017 Result**. Alphabet Inc. Montain View, Califórnia, 26 out. 2017. Disponível em: <https://abc.xyz/investor/pdf/2017Q3_alphabet_earnings_release.pdf>. Acesso em: 15 nov. 2017.

ARAÚJO, Fernando. **Teoria Econômica do Contrato**. Coimbra: Edições Almedina, SA, 2007.

AZEVEDO, Antônio Junqueira de. **Negócio Jurídico: Existência, Validade e Eficácia**. 4. ed. São Paulo: Saraiva, 2002.

BARROSO, Luís Roberto. **Neoconstitucionalismo e constitucionalização do Direito (o triunfo tardio do direito constitucional no Brasil)**. Disponível em: <http://www.luisrobertobarroso.com.br/wp-content/themes/LRB/pdf/neoconstitucionalismo_e_constitucionalizacao_do_direito_pt.pdf>. Acesso em: 27 mai. 2017.

BRASIL. Superior Tribunal de Justiça. Acórdão proferido no Recurso Especial nº 1.316.921 – RJ (2011/0307909-6). Relatora: Ministra Nancy Andrighi. Recorrente: Google Brasill Internet Ltda. Recorrido: Maria da Graça Xuxa Meneghel. **Diário Judicial Eletrônico de 26 de junho de 2012**. Disponível em: <https://ww2.stj.jus.br/processo/revista/documento/mediado/?componente=ITA&sequencial=1161904&num_registro=201103079096&data=20120629&formato=PDF>. Acesso em: 10 nov. 2017.

CASTRO, Gabriel de Arruda. **Nem 1%, nem 80%: a real taxa de analfabetismo funcional entre universitários**. Disponível em: <http://www.gazetadopovo.com.br/educacao/nem-1-nem-80-a-real-taxa-de-analfabetismo-funcional-entre-universitarios-8eipsba6xmr44t7602oum3pq4>. Acesso em: 24 nov. 2017.

CASTRO, Rodrigo. **Oracle usa fórmula própria para abocanhar bolo digital**. Valor Econômico. 08 de maio de 2017. Disponível em: <http://www.valor.com.br/empresas/4960268/oracle-usa-formula-propria-para-abocanhar-bolo-digital>. Acesso em: 14 mai. 2017.

DATA SCIENCE BRIGADE. **A Diferença Entre Inteligência Artificial, Machine Learning e Deep Learning**. Disponível em: <https://medium.com/data-science-brigade/a-diferen%C3%A7a-entre-intelig%C3%AAncia-artificial-machine-learning-e-deep-learning-930b5cc2aa42>. Acesso em: 28 nov. 2017.

DESJARDINS, Jeff. Chart: **Here's How 5 Tech Giants Make Their Billions**. Visual Capitalist, Vancouver, 12 mai. 2017. Disponível em: <http://www.visualcapitalist.com/chart-5-tech-giants-make-billions/>. Acesso em: 25 nov. 2017.

EDWARDS, Doulgas. **Estou com sorte: as confissões do funcionário número 59 do Google**. Tradução Maria Ângela Amorim de Paschoal. Ribeirão Preto, SP: Novo Conceito Editora, 2012

FACEBOOK. **Declaração de Direitos e Responsabilidades**. Disponível em: <https://www.facebook.com/terms.php/>. Acesso em: 20 nov. 2017.

___________. **Escolha seu público**. Facebook para empresas. Disponível em: <https://www.facebook.com/business/products/ads/ad-targeting#>. Acesso em 28 nov. 2017.

___________. **Informações do público**. Facebook para empresas. Disponível em: <https://www.facebook.com/business/learn/facebook-audience-insights>. Acesso em 28 nov. 2017.

FARIA, Guilherme Nacif de. **Teoria jurídica da informação**. 2010. 351 páginas. Tese de Doutorado em Direito Privado. Pontifícia Universidade Católica de Minas Gerais, Belo Horizonte, 2010.

FERRAZ JÚNIOR, Tércio Sampaio. **Sigilo de dados: o direito à privacidade e os limites à função fiscalizadora do Estado**. Revista da Faculdade de Direito, Universidade de São Paulo, São Paulo, v. 88, p. 439-459, jan. 1993. ISSN 2318-8235. Disponível em: <http://www.revistas.usp.br/rfdusp/article/view/67231/69841>. Acesso em: 19 nov. 2017.

FERREIRA FILHO, Manoel Gonçalves *apud* FERRAZ JÚNIOR, Tércio Sampaio. **Sigilo de dados: o direito à privacidade e os limites à função fiscalizadora do Estado**. Revista da Faculdade de Direito, Universidade de São Paulo, São Paulo, v. 88, p. 439-459, jan. 1993. ISSN 2318-8235. Disponível em: <http://www.revistas.usp.br/rfdusp/article/view/67231/69841>. Acesso em: 19 nov. 2017.

FILHO, Sergio Cavalieri. **Programa de direito do consumidor**. 4. ed. São Paulo: Atlas, 2014.

FINLEY, Klint. **Stronger Privacy Laws Could Save Advertising From Itself**. Wired. Disponível em: <https://www.wired.com/2017/04/stronger-privacy-laws-save-advertising/>. Acesso em: 27 nov. 2017.

GELLMAN, Barton. **Here's how The Post covered the "grand social experiment" of the Internet in 1988**. Washington Post. Disponível em: <https://www.washingtonpost.com/news/the-switch/wp/2013/11/04/heres-how-the-post-covered-the-grand-social-experiment-of-the-internet-in-1988/?utm_term=.c0bede5f6aee>. Acesso em: 27 mai. 2017.

GOOGLE INC. **Ajuda do AdWords**. Disponível em: <https://support.google.com/adwords/topic/3121935?hl=pt-BR&ref_topic=3119122>. Acesso em 28 nov. 2017.

__________. **Ajuda do Políticas de publicidade do AdWords.** Disponível em: <https://support.google.com/adwordspolicy/answer/6008942?visit_id=1-636472682897401805-2838803745&rd=1>. Acesso em 28 nov. 2017.

__________. **Como funcionam os anúncios: Não vendemos suas informações pessoais a terceiros.** Disponível em: <https://privacy.google.com/how-ads-work.html>. Acesso em 20 nov. 2017.

__________. **GEOLOCALIZAÇÃO: a mensagem certa, na hora certa.** Disponível em <https://www.thinkwithgoogle.com/intl/pt-br/marketing-resources/programatica/geolocalizacao-a-mensagem-certa-na-hora-certa/>. Acesso em 28 nov. 2017.

__________. **Google Ads.** Disponível em: <https://www.google.com/intl/pt-br/ads/>. Acesso em 28 nov. 2017.

__________. **Informações que coletamos.** Google Privacidade e Termos de Utilização. Disponível em: <https://www.google.com/intl/pt-BR/policies/privacy/#infocollect>. Acesso em: 20 nov. 2017.

__________. **Inteligência Artificial e Machine Learning: o caminho para a relevância em escala.** Disponível em: <https://www.thinkwithgoogle.com/intl/pt-br/advertising-channels/novas-tecnologias/inteligencia-artificial-e-machine-learning-o-caminho-para-relevancia-em-escala/>. Acesso em: 28 nov. 2017.

__________. **Queremos que você entenda quais dados coletamos e utilizamos.** Google Privacidade. Disponível em: <https://privacy.google.com/your-data.html>. Acesso em: 20 nov. 2017.

__________. **Termos de Utilização do Google.** Google Privacidade e Termos de Utilização. Disponível em: <https://www.google.com/intl/pt-PT/policies/terms/>. Acesso em: 20 nov. 2017.

IAB Brasil. **Infográfico IAB Brasil – Pesquisa Digital Adspend 2017.** Disponível em: <http://iabbrasil.net/assets/upload/boas_praticas/1490822463.pdf>. Acesso em: 24 abr. 2017.

IG SÃO PAULO. **40% dos usuários brasileiros não leem termos de uso ao instalar aplicativos.** Disponível em: <http://tecnologia.ig.com.br/2016-03-29/40-dos-usuarios-brasileiros-nao-leem-termos-de-uso-ao-instalar-aplicativos.html>. Acesso em 28 nov. 2017.

JULIO, Karina. **Machine Learning é a aposta do Google para anunciantes.** Meio e Mensagem, 23 de maio de 2017. Disponível em: <http://www.meioemensagem.com.br/home/marketing/2017/05/23/machine-learning-e-a-aposta-do-google-para-anunciantes.html>. Acesso em: 27 mai. 2017.

KAUFFMAN, Michael. **Is the EU Taking Sides? Ney Privacy Law Hits Facebook Harder Than Google**. Forbes, Valley Voices, 29 ago. 2017. Disponível em:<https://www.forbes.com/sites/valleyvoices/2017/08/29/new-privacy-law-hits-facebook-harder-than-google/#4f64e5ec68e5>. Acesso em: 15 nov. 2017.

KAYE, Kate. **Digital Advertising Takes a Hit**. MIT Technology Review, Business Impact, 5 mai. 2017. Disponível em:<https://www.technologyreview.com/s/604321/digital-advertising-takes-a-hit/>. Acesso em: 15 nov. 2017.

MARTINS, Guilherme Magalhães. **Formação dos Contratos Eletrônicos de Consumo via Internet**. 2 ed. Rio de Janeiro: Editora Lumen Juris, 2010.

MATTOS, Adriana. **Google e Face têm 20% dos anúncios**. Valor Econômico. 03 de maio de 2017. Disponível em: <http://www.valor.com.br/empresas/4955366/google-e-face-tem-20-dos-anuncios>. Acesso em: 04 mai. 2017.

MEIRA, Silvio Lemos. **Novos negócios inovadores de crescimento empreendedor no Brasil**. 1. ed. Rio de Janeiro: Casa da Palavra, 2013.

MICHAELLIS. **Dicionário Brasileiro da Língua Portuguesa**. São Paulo: Melhoramentos, 2017. Disponível em: <http://michaelis.uol.com.br/moderno-portugues/busca/portugues-brasileiro/Gratuito/>. Acesso em: 29 nov. 2017.

MIRANDA, Custodio da Piedade Ubaldino. **Contrato de Adesão**. São Paulo: Atlas, 2012.

MULHOLLAND, Caitlin. **Internet e Contratação: Panorama nas relações contratuais eletrônicas de consumo**. Rio de Janeiro: Renovar, 2006.

OHM, Paul. **We Couldn't Kill the Internet If We Tried: Law, Privacy & Technology Commentary Series**. Harvard Law Review. Disponível em: <https://harvardlawreview.org/2016/12/we-couldnt-kill-the-internet-if--we-tried/>. Acesso em: 27 nov. 2017.

PAGE, Larry. **An Owner's Manual" for Google's Shareholders**. Google Inc. Declaração de Registro arquivada junto à Securities and Exchange Commission, 18 Ago. 2004. Disponível em: <https://www.sec.gov/Archives/edgar/data/1288776/000119312504142742/ds1a.htm>. Acesso em: 15 nov. 2017.

PEREIRA, Caio Mário da Silva. **Instituições de Direito Civil. Introdução ao Direito Civil: teoria geral do Direito Civil**. Volume 1. 23. ed. Rio de Janeiro: Editora Forense, 2009.

PEREIRA, Caio Mário da Silva. **Instituições de Direito Civil: Contratos**. Volume 3. 15. ed. Rio de Janeiro: Editora Forense, 2011

Pinto, Álvaro Vieira. **O conceito de tecnologia**. Rio de Janeiro: Contraponto, 2005.

Rebouças, Rodrigo Fernandes. **Contratos eletrônicos: Formação e Validade – Aplicações Práticas**. São Paulo: Almedina, 2015.

Rosario, Flavia. **Código Aberto: Flavia Rosario, Head de Marketing, Waze**. B9, 15 mai. 2017. Entrevista concedida a Carlos Merigo. Áudio de Podcast. Disponível em: <http://www.b9.com.br/74196/codigo-aberto-flavia-rosario-head-de-marketing-waze/>. Acesso em: 15 nov. 2017.

Silva, Alexandre Pacheco da. **Se você sabe quem eu sou, eu quero saber quem você é**. Inc. Soc., Brasília, DF, v. 5 n. 2, p.165-182, jan./jun. 2012.

Silva, José Afonso da. **Curso de Direito Constitucional Positivo**. 38 ed. rev. São Paulo: Malheiros, 2014.

Silverman, Henry R. **Protecting One's Own Privacy in a Big Data Economy**. Harvard Law Review. Disponível em: <https://harvardlawreview.org/2016/12/protecting-ones-own-privacy-in-a-big-data-economy/>. Acesso em: 03 nov. 2017

Souza, Carlos Affonso; Lemos, Ronaldo. **Marco civil da internet: construção e aplicação**. Juiz de Fora, MG: Editor Editora Associada Ltda., 2016.

Tufekci, Zeynep. **Mark Zuckerberg, Let Me Pay for Facebook**. NY Times, Opinion, 4 jun. 2015. Disponível em: <https://www.nytimes.com/2015/06/04/opinion/zeynep-tufekci-mark-zuckerberg-let-me-pay-for-facebook.html>. Acesso em: 17 nov. 2017.

UNIÃO EUROPEIA. **Regulamento (UE) 2016/679 do Parlamento Europeu e do Conselho, de 27 de abril de 2016, relativo à proteção das pessoas singulares no que diz respeito ao tratamento de dados pessoais e à livre circulação desses dados e que revoga a Diretiva 95/46/CE (Regulamento Geral sobre a Proteção de Dados)**. Direito e publicações da União Europeia. Disponível em: <https://publications.europa.eu/pt/publication-detail/-/publication/3e485e15-11bd-11e6-ba9a-01aa75ed71a1/language-pt>. Acesso em 28 nov. 2017.

WORLD BANK. **UFA2020 Overview: Universal Financial Access by 2020**. Disponível em: <http://www.worldbank.org/en/topic/financialinclusion/brief/achieving-universal-financial-access-by-2020>. Acesso em: 29 nov. 2017.

Wu, Tim. **Facebook should pay all of us**. The New Yorker, Currency, 14 ago. 2015. Disponível em: <https://www.newyorker.com/business/currency/facebook-should-pay-all-of-us>. Acesso em: 17 nov. 2017.

Legislação

BRASIL. Constituição da República Federativa do Brasil de 1988. **Diário Oficial [da] República Federativa do Brasil**, Poder Executivo, Brasília, DF, 05. out. 1988. Disponível em <http://www.planalto.gov.br/ccivil_03/constituicao/constituicaocompilado.htm>. Acesso em 12 jul. 2014.

______________. Lei nº. 8.078, de 11 de setembro de 1990. **Diário Oficial [da] República Federativa do Brasil**, Poder Executivo, Brasília, DF, 12. set. 1990. Disponível em <http://www.planalto.gov.br/ccivil_03/_ato2011-2014/2014/lei/L12965.htm>. Acesso em 24 abr. 2017.

______________. Lei nº. 12.965, de 23 de abril de 2014. Estabelece princípios, garantias, direitos e deveres para o uso da Internet no Brasil. **Diário Oficial [da] República Federativa do Brasil**, Poder Executivo, Brasília, DF, 24. abr. 2014. Disponível em <http://www.planalto.gov.br/ccivil_03/_ato2011-2014/2014/lei/L12965.htm>. Acesso em 24 abr. 2017.

______________. Lei nº. 13.709, de 14 de agosto de 2018. Dispõe sobre a proteção de dados pessoais e altera a Lei nº 12.965, de 23 de abril de 2014 (Marco Civil da Internet). **Diário Oficial [da] República Federativa do Brasil**, Poder Executivo, Brasília, DF, 15. ago. 2018. Disponível em <http://www.planalto.gov.br/ccivil_03/_ato2015-2018/2018/lei/L13709.htm>. Acesso em 07 out. 2018.

Planejamento Tributário: Restituição de Capital Social e Posterior Alienação de Participação Societária por Sócio Pessoa Física

Mateus Socolowski

1. Introdução

O presente artigo pretende analisar a legalidade de um determinado planejamento tributário que, basicamente, tem por objetivo alienar ativos de uma pessoa jurídica por meio de seu sócio pessoa física. Essa estratégia, geralmente utilizada em empresas familiares, reduz consideravelmente a carga tributária incidente sobre o ganho de capital decorrente desta venda, de 34% (pessoa jurídica) para uma alíquota progressiva que varia entre 15% e 22,5% (pessoa física), a depender do valor do lucro.

Para alcançar este objetivo, serão apresentados, no primeiro Capítulo, os principais conceitos relacionados ao tema, tais como opção, elisão, elusão e evasão fiscal, demonstrando a possibilidade de o contribuinte obter uma economia tributária através da prática de atos lícitos. Ainda neste Capítulo, também será objeto de análise a importância da utilização do planejamento tributário, especialmente pelas pessoas jurídicas, tendo em vista o frequente aumento da carga tributária brasileira e o seu expressivo tamanho quando comparada com outros países ao redor do mundo.

No segundo Capítulo, na sequência das considerações gerais sobre planejamento tributário, passamos à análise da estratégia objeto central deste estudo, através de um modelo genérico da operação, destacando os aspectos pertinentes à sua legitimidade em todas as suas etapas, desde a situação inicial de um Grupo empresarial até a efetiva venda das ações pelo acionista pessoa física, passando por toda a reestruturação societária necessária.

Em seguida, no terceiro Capítulo, serão analisados recentes acórdãos do Conselho Administrativo de Recursos Fiscais (CARF), inclusive demonstrando como em alguns casos a estratégia em estudo foi colocada em prática por grandes empresas brasileiras. Serão evidenciadas diversas decisões favoráveis ao contribuinte, porém, algumas desfavoráveis também, além do fato de a Câmara Superior de Recursos Fiscais (CSRF) ainda não ter se pronunciado a fim de uniformizar a jurisprudência.

Ao final do artigo, os entendimentos preliminares serão retomados para concluirmos que os planejamentos tributários arquitetados pelos contribuintes, especialmente o objeto deste trabalho, ainda que estruturados exclusivamente para fins de economia tributária, não podem ser simplesmente desconsiderados pelo Fisco sob argumentos genéricos e com o objetivo de arrecadar mais recursos ao Estado do que a lei permite, sob pena de o contencioso administrativo tributário se tornar inoperante, devido à sobrecarga de demandas originadas em autuações fiscais indevidas. Assim, é preciso que tais operações sejam avaliadas de forma imparcial e levando em consideração ser perfeitamente possível que o contribuinte opte por caminhos menos onerosos do ponto de vista fiscal, desde que por meio de atos lícitos.

2. Considerações Gerais Sobre o Planejamento Tributário

2.1. Os Limites do Planejamento Tributário

Inicialmente, o planejamento tributário fundamenta-se em princípios previstos na Constituição Federal como a legalidade, a livre iniciativa e a livre concorrência, bem como na garantia do direito à propriedade e na liberdade contratual.

Trata-se de um tema sempre muito debatido e marcado por diversas questões controvertidas. Além do interesse teórico que o assunto naturalmente desperta nos estudiosos, certamente muitos dos olhares que o planejamento tributário atrai se deve aos expressivos resultados financeiros que ele é capaz de gerar, tanto para as empresas quanto para as pessoas físicas que o colocam em prática.

O planejamento tributário, para Heleno Tôrres, é definido como uma "técnica de organização preventiva de negócios, visando a uma lícita economia de tributos, independentemente de qualquer consequência dos atos projetados"[1].

Para Brandão Machado, o planejamento tributário "se caracteriza pelo arranjo jurídico dos negócios do contribuinte de tal maneira que logra reduzir ou eliminar a carga dos impostos, sem infringir, obviamente, nenhum preceito de lei"[2].

São inúmeras as definições de planejamento tributário que podemos encontrar na doutrina brasileira, porém, a maioria delas possui ao menos um ponto em comum: a licitude dos atos praticados em prol do objetivo almejado.

Aliás, assim concluiu Marco Aurélio Greco ao dizer que "toda operação que tenha por efeito minimizar a carga tribu-

[1] Tôrres, Heleno. Limites do planejamento tributário e a norma brasileira anti-simulação (LC 104/01). In: Oliveira Rocha, Valdir de. Grandes questões atuais do Direito Tributário, v. 5, São Paulo: Dialética, 2001, p. 103.

[2] Machado, Brandão. Cisão de sociedade de capital estrangeiro e imposto de renda – PN 46/87. Repertório IOB de jurisprudência: tributário, constitucional e administrativo, n. 17, caderno 1, São Paulo: IOB, 1988, p. 250.

tária mediante atos ilícitos está fora da nossa análise. Vale dizer, se alguém disser: aqui houve um planejamento com uso de falsidade, a rigor não está se referindo a um planejamento porque falsidade é ato ilícito"[3].

Pois bem. Para distinguirmos o planejamento tributário, também denominado neste trabalho como elisão fiscal, de outros atos, principalmente ilícitos, praticados para fins de economia tributária, conceituaremos a seguir figuras como opção, elusão, evasão, além da própria elisão fiscal.

Em relação às opções fiscais, segundo Marco Aurélio Greco, "são alternativas criadas pelo ordenamento, propositadamente formuladas e colocadas à disposição do contribuinte para que delas se utilizem, conforme sua conveniência"[4]. Ou seja, são condutas positivamente autorizadas pelo ordenamento jurídico, escolhas que estão à disposição do contribuinte e que, eventualmente, podem gerar alguma economia tributária.

Como exemplos de opções fiscais, podemos citar a escolha entre os regimes de tributação do IRPJ, lucro real ou presumido, ou então a opção pelo Simples Nacional, quando possível.

Quanto à elisão fiscal, ou planejamento tributário, esta figura refere-se ao conjunto de atos lícitos praticados em momento anterior à incidência tributária, com a finalidade de excluir ou reduzir os tributos de maneira legítima, através da não ocorrência do fato gerador ou da sua ocorrência em menor escala.

Para Hugo de Brito Machado, a prática do planejamento tributário nada mais é do que "a economia lícita de tributos obtida através da organização das atividades do contribuinte, de sorte que sobre elas recai o menor ônus possível"[5].

3 GRECO, Marco Aurélio. Planejamento tributário. São Paulo: Dialética, 2004, p. 78.

4 GRECO, Marco Aurélio. Planejamento tributário. São Paulo: Dialética, 2004, p. 92.

5 MACHADO, Hugo de Brito. Curso de Direito Tributário. São Paulo: Malheiros, 2007, p. 360.

Em outras palavras, "a elisão fiscal corresponde à noção espanhola de *economia de opción*, denominação atribuída a José Larraz para referir-se àquelas condutas dos contribuintes em que há a concordância entre o formalizado e a realidade, não existe de nenhum modo simulação, não se contraria nem a letra e nem o espírito da lei e se procura a economia tributária. Na *economia de opción* não há nenhuma anomalia no negócio – não há qualquer ofensa, direta ou indireta, ao ordenamento – apenas uma opção do contribuinte pela mais econômica das alternativas em termos fiscais. Como não há nenhuma norma impositiva que declare ilícitos os negócios cujas consequências tributárias sejam menos gravosas que outros, os primeiros não são ilícitos e são, assim, perfeitamente válidos, ainda que motivados pela intenção de conseguir uma economia tributária"[6].

A elusão fiscal, por sua vez, trata-se de uma prática de atos lícitos cuja economia tributária obtida é ilícita. Ou seja, embora não haja a prática de atos em descumprimento frontal à legislação, a licitude da elusão é apenas aparente, uma vez que ela fere o ordenamento jurídico de forma indireta, mediante utilização de conduta "inadequada"[7].

[6] GERMANO, Lívia de Carli. A elusão tributária e os limites à requalificação dos negócios jurídicos. Dissertação (Mestrado em Direito Tributário) – Faculdade de Direito, Universidade de São Paulo, 2010, p. 29, citando José Larraz (*Metodologia aplicativa del Derecho Tributario*), Joan-Francesc Pont Clemente (*La economia de opción*), César Garcia Novoa (*La cláusula antielusiva en la nueva LGT*) e Antonio Duran-Sindreu Buxade (*Los motivos económicos válidos como técnica contra la elusión fiscal: economía de opción, autonomía de voluntad y causa em los negocios*).

[7] A Corte Federal Tributária Alemã (*Bundesfinanzhof* ou BFH) afirmou que "a forma jurídica é inadequada quando o contribuinte não está apto a fornecer uma razão econômica que justifique sua utilização" (TÔRRES, Heleno Taveira. Direito Tributário e Direito Privado: autonomia privada: simulação: elusão tributária, São Paulo: Revista dos Tribunais, 2003, p. 242; FISCHER, Peter. *L'esperienza Tedesca*. In: PIETRO, Adriano di. *L'elusione fiscale nell'esperienza europea*. Milano: Giuffrè, 1999, p. 220). Além disso, na jurisprudência do BFH, o termo "inadequada" qualifica uma estrutura legal que duas partes não relacionadas e sensatas

Segundo Heleno Tôrres, a elusão "ocorreria nos casos em que o contribuinte tenha praticado atos que, apesar de lícitos, são desprovidos de causas negociais, tendo sido realizados com fraude à lei ou abuso de direito"[8].

Dessa forma, diferentemente da elisão fiscal, conclui-se que a elusão é uma prática claramente ilegal, uma vez que seus atos estão contaminados pela fraude, simulação, abuso de direito, entre outros ilícitos.

Sobre a evasão fiscal, esta corresponde a conduta que enseja o não pagamento de tributos mediante a prática de atos diretamente contrários ao ordenamento. No âmbito internacional, é "possível perceber uma padronização na terminologia, já que a violação direta da norma (com efeitos tributários) é definida na doutrina anglosaxã como *tax evasion*, na espanhola como *evasión fiscal* e na italiana como *evasione fiscale*"[9].

não teriam escolhido para atingir um objetivo negocial específico. Em essência, estruturas inadequadas são, na visão do BFH, "complexas, complicadas e artificiais" (KESSLER, Wolfgang. e EICKE, Rolf. *Germany's new GAAR – 'Generally Accepted Antiabuse Rule'?. Tax notes international.* v. 49, n. 2, Falls Church: Tax Analysts, 2008, p. 152).

[8] TÔRRES, Heleno. Direito Tributário Internacional: Planejamento Tributário e Operações Transnacionais. São Paulo: Editora Revista dos Tribunais, 2003, p. 174.

[9] GERMANO, Lívia de Carli. A elusão tributária e os limites à requalificação dos negócios jurídicos. Dissertação (Mestrado em Direito Tributário) – Faculdade de Direito, Universidade de São Paulo, 2010, p. 31, citando que a Organização para Cooperação e Desenvolvimento Econômico – OCDE buscou definir o termo "*tax evasion*" em seu relatório de 1987 (*International Tax Avoidance and Evasion*), observando que "*from the OECD report's perspective, tax evasion can be generally defined as the direct violation of a tax provision. (...) To summarize, a widely adopted definition of tax evasion is: The taxpayer avoids the payment of tax without avoiding the tax liability, so that he escapes the payment of tax that is unquestionably due according to the law of the taxing jurisdiction and even breaks the letter of the law*". (RUSSO, Rafaelle; FINNERTY, Chris; MERKS, Paulus; e PETRICCIONE, Mario. *Fundamentals of International Tax Planning.* Amsterdam: IBFD, 2007, p. 49-50).

Como principal exemplo de evasão, podemos citar o crime de sonegação fiscal, previsto no artigo 71 da Lei nº 4.502/64[10], que dispõe sobre o imposto de consumo e reorganiza a diretoria de rendas internas.

Conceituadas as figuras acima, é oportuno nos socorrermos também à doutrina e à jurisprudência estrangeira para reforçarmos a legitimidade do planejamento tributário, ainda que o seu objetivo seja exclusivamente a economia tributária, destacando que "o ordenamento jurídico alemão contempla os princípios da reserva de lei e da certeza do direito, reconhecendo a jurisprudência que não se pode impedir que o contribuinte preordene seus atos mesmo quando suas escolhas são inspiradas na economia de tributos, desde que adote configurações jurídicas adequadas"[11].

Além disso, "afirma-se que, por ser o sistema baseado na abstração, não se toma em consideração a causa do negócio, sendo o controle da autonomia da vontade realizado com base na forma. Daí a menção ao abuso de formas jurídicas. Assim, na Alemanha, a elusão fiscal (*steuerumgehung*) qualifica a economia de tributos que se realiza abusando das formas jurídicas: quando tal não ocorre o que há é uma elisão (*steuervermeidung*); quando, pelo contrário, a economia viola diretamente uma norma tributária verifica-se a evasão (*steuerhinterziehung*)"[12].

[10] Artigo 71 da Lei 4.502/64 – Sonegação é toda ação ou omissão dolosa tendente a impedir ou retardar, total ou parcialmente, o conhecimento por parte da autoridade fazendária: I – da ocorrência do fato gerador da obrigação tributária principal, sua natureza ou circunstâncias materiais; e II – das condições pessoais de contribuinte, suscetíveis de afetar a obrigação tributária principal ou o crédito tributário correspondente.

[11] Germano, Lívia de Carli. A elusão tributária e os limites à requalificação dos negócios jurídicos. Dissertação (Mestrado em Direito Tributário) – Faculdade de Direito, Universidade de São Paulo, 2010, p. 147, citando Peter Fischer (*L'esperienza Tedesca*) e Adriano Pietro (*L'elusione fiscale nell'esperienza europea*).

[12] Germano, Lívia de Carli. A elusão tributária e os limites à requalificação dos negócios jurídicos. Dissertação (Mestrado em Direito Tributário) – Faculdade

Portanto, não há dúvida sobre a licitude da elisão fiscal – mesmo quando a sua prática tenha por propósito apenas e tão somente a economia tributária – ideia esta que vai de encontro ao recorrente posicionamento do Fisco, seja ele Federal, Estadual ou Municipal, que tende a enxergar no planejamento tributário uma prática ilícita para pagar menos tributos, fundamentando-se, geralmente, em argumentos que, como vimos, não deveriam ser utilizados diante de uma elisão, como fraude, simulação, ausência de propósito negocial, ausência de fundamento econômico, entre outros.

No mais, para melhor enxergarmos as figuras que foram expostas acima e definirmos quais delas se enquadram no campo da legalidade e quais estão enraizadas no campo da ilegalidade, vale o destaque para a imagem abaixo:

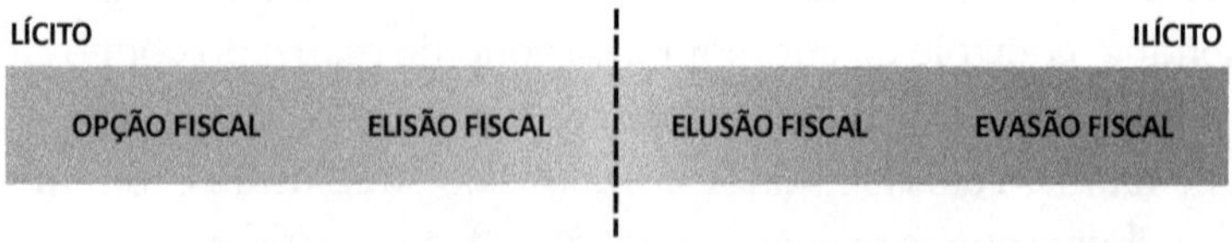

Uma vez diferenciados os atos ilícitos da prática de atos lícitos que objetivam a legítima economia tributária, a seguir faremos breves considerações acerca da importância do planejamento tributário para as empresas e pessoas físicas que dele se utilizam.

2.2. A Importância do Planejamento Tributário

A carga tributária brasileira, em 2014, representava 32,42% do PIB nacional. Em 1988, este número era de 22,40%. Ou seja, não bastasse termos hoje uma carga tributária extrema-

de Direito, Universidade de São Paulo, 2010, p. 147, citando Cesar Garcia Nova (*La cláusula antielusiva en la nueva LGT*) e Pasquale Pistone (*Abuso del diritto ed elusione fiscale*).

mente elevada, em menos de trinta anos após a promulgação da nossa atual Constituição Federal, sofremos com um aumento de aproximadamente 44,73%, como podemos analisar no gráfico abaixo:

Gráfico 01 – Evolução da carga tributária no Brasil (1988 a 2014)

Ano por % do PIB

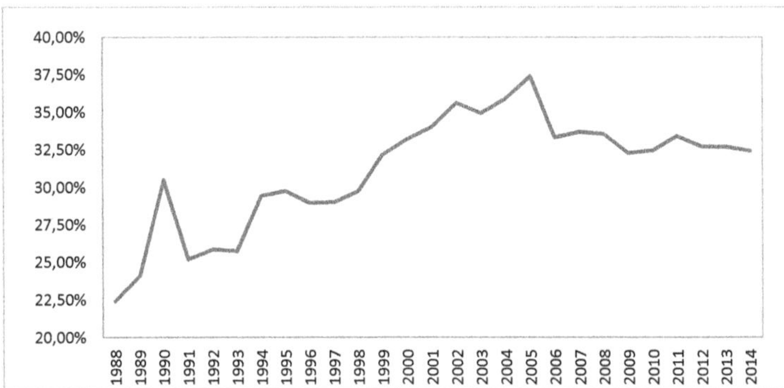

Fonte: elaboração própria com base em dados da Receita Federal do Brasil.

Para melhor compreendermos o quão elevada é a carga tributária no Brasil, é essencial a compararmos com outras cargas mundo afora e analisarmos qual a relação existente entre os tributos cobrados e o PIB gerado em outros países.

De acordo com os dados do gráfico a seguir, os números do Brasil se aproximam aos de Alemanha e Reino Unido e ultrapassam nações como Canadá e Estados Unidos, muito embora saibamos que são incomparáveis os índices de desenvolvimento econômico e de retorno dos recursos arrecadados entre estes mesmos países.

Já se compararmos o Brasil com outros países latino-americanos, ou com os integrantes do BRICS, os quais possuem níveis de desenvolvimento comparáveis aos nossos, lideramos este ranking com certa folga.

Gráfico 02 – Carga tributária no Brasil e em outros países (2014)

País por % do PIB

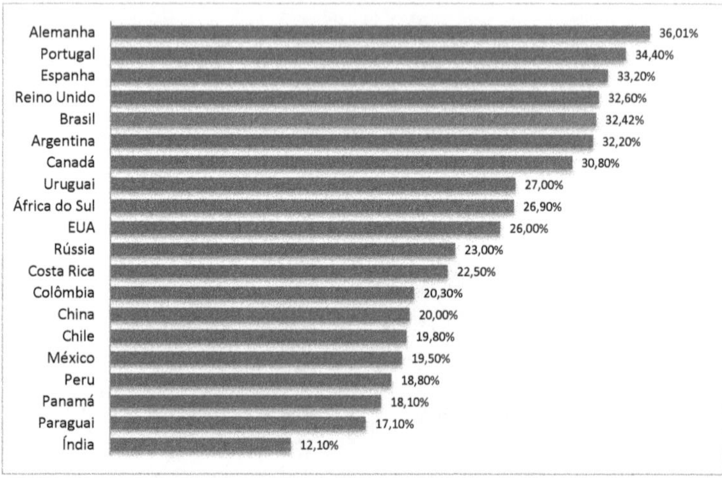

Fonte: elaboração própria com base em dados da OCDE.

Uma coisa nos parece certa, para que a continuidade das atividades estatais seja garantida em meio a tantos desvios e má utilização dos recursos públicos que assolam o nosso país, o aumento da carga tributária tende a ser o árduo caminho que continuaremos a trilhar. No entanto, quanto mais essa carga será elevada? Até quando os contribuintes poderão suportá-la? É possível manter a competitividade com um custo tributário tão elevado?

E em meio a estes questionamentos que entra a importância do planejamento tributário, que objetiva estruturar (ou reestruturar) os negócios e as operações de uma empresa ou de todo um Grupo econômico, para que sobre suas atividades recaia o menor ônus tributário possível, sempre observando os limites da legalidade.

Portanto, como visto anteriormente, o planejamento tributário apresenta-se neste cenário caótico como uma oportunidade lícita de reduzir esta elevada carga tributária que assombra os contribuintes brasileiros, permitindo-lhes uma economia financeira e garantindo, assim, que sejam mais competitivos e, consequentemente, sobrevivam e continuem desenvolvendo suas atividades.

Após evidenciarmos a legalidade e a importância da prática da elisão fiscal, o presente artigo pretende demonstrar a licitude de um planejamento tributário específico que tem por finalidade a redução da carga tributária incidente sobre o ganho de capital auferido na alienação de participação societária, muito embora o Fisco insista em enxergá-lo como uma prática ilícita, através de diversas autuações fiscais e decisões administrativas que serão analisadas nos capítulos seguintes.

3. Análise do Planejamento Tributário Denominado "Restituição de Capital Social"

Neste Capítulo, analisaremos a legitimidade do planejamento tributário objeto central deste estudo, geralmente conhecido como "restituição de capital social". Inicialmente, será apresentado um modelo genérico da operação para, após, verificarmos como tal estratégia vem sendo colocada em prática e como o CARF a enxerga à luz do ordenamento jurídico.

Em síntese, a estratégia consiste na redução da carga tributária incidente sobre o ganho de capital auferido na alienação de participação societária e é composta, basicamente, de três etapas, as quais serão descritas a seguir, de forma teórica e utilizando nomenclaturas fictícias tais como *Acionista PF*, *Holding S/A*, *Target S/A* e *Compradora S/A*, a fim de evidenciar e esclarecer os mecanismos da operação de maneira simplificada.

Situação inicial: *Holding S/A* como acionista direta da *Target S/A*

No arranjo inicial, em situação bastante comum no mundo empresarial, uma holding detém o controle direto de uma empresa operacional que, por sua vez, é controlada indiretamente por acionistas pessoas físicas. Dessa forma, de acordo com o modelo genérico da estratégia proposto neste trabalho, a *Target S/A* faz parte do patrimônio da *Holding S/A* e está contabilizada em seus investimentos, ao passo que, em uma eventual venda da *Target S/A*, a operação seria realizada entre *Holding S/A* e *Compradora S/A*, como podemos ver abaixo:

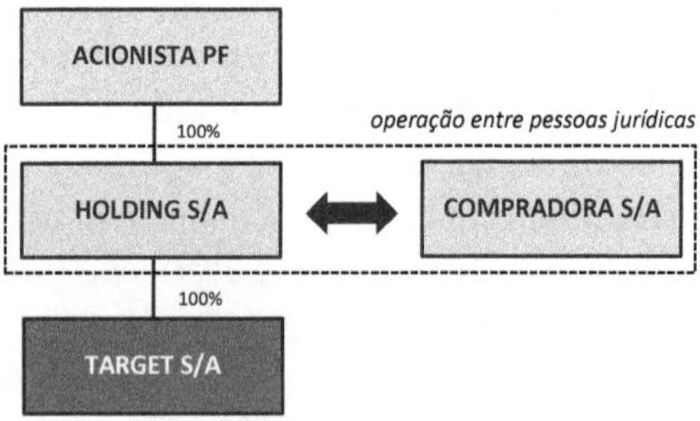

Primeira etapa: redução do capital social

O primeiro passo é a redução do capital social da companhia que controla diretamente a empresa alvo da futura alienação. No presente caso hipotético, a *Holding S/A* reduz o seu capital social por considerá-lo excessivo em relação às atividades atualmente desempenhadas pela sociedade, observando todas as formalidades legais e nos termos dos artigos 1.082, inciso II, do Código Civil[13], e 173 da Lei das Sociedades Anônimas[14].

[13] Artigo 1.082 do Código Civil – Pode a sociedade reduzir o capital, mediante a correspondente modificação do contrato: II – se excessivo em relação ao objeto da sociedade.

[14] Artigo 173 da Lei nº 6.404/76 – A assembléia-geral poderá deliberar a redução do capital social se houver perda, até o montante dos prejuízos acumulados, ou se julgá-lo excessivo.

Aliás, não há qualquer impedimento para que esta redução seja igual ou superior ao valor das ações que posteriormente serão alienadas, pois, tratando-se de ato de competência exclusiva da Assembleia Geral da sociedade, apenas os acionistas, os quais assumem o risco do negócio, possuem legitimidade para definir o montante necessário para continuar as atividades de sua empresa.

Segunda etapa: restituição do capital social reduzido

Ato contínuo, para que a venda das ações possa ocorrer diretamente pelo *Acionista PF*, o capital reduzido é restituído ao sócio pessoa física a valor contábil, ou seja, no exato valor anteriormente integralizado, sem que haja ganho de capital nesta transferência e, consequentemente, incidência de imposto de renda, conforme expressamente autorizado pelo artigo 22 da Lei nº 9.249/95[15].

É importante destacar que tal procedimento apenas reflete a escolha por opção fiscal mais vantajosa entre as alternativas criadas pelo próprio ordenamento jurídico. Em outras palavras, se tanto a alienação na pessoa jurídica quanto na pessoa física são legítimas, lógicas e produzem o mesmo resultado, o contribuinte não pode ser obrigado a adotar o caminho mais oneroso, uma vez que não há fraude e nem abuso de direito quando a própria lei lhe oferece alternativas.

Aliás, a respeito deste assunto, a própria Receita Federal do Brasil publicou Solução de Consulta[16] afirmando que o referido dispositivo veio permitir, a partir de 1º de janeiro de 1996, a ava-

[15] Artigo 22 da Lei nº 9.249/95 – Os bens e direitos do ativo da pessoa jurídica, que forem entregues ao titular ou a sócio ou acionista. a título de devolução de sua participação no capital social, poderão ser avaliados pelo valor contábil ou de mercado.

[16] Solução de Consulta nº 131, emitida pela Coordenação-Geral de Tributação da Receita Federal do Brasil em 31 de agosto de 2016.

liação de bens e direitos do ativo da pessoa jurídica, entregues ao sócio pessoa física, a título de devolução de sua participação no capital social, pelo valor contábil. Este entendimento, inclusive, por ter sido exarado em Solução de Consulta, tem efeito vinculante no âmbito da Secretaria da Receita Federal, de sorte que deve ser observado pela Administração Tributária[17].

Adicionalmente, também é oportuno destacar que, em recente acórdão publicado pelo CARF, a Corte afirmou que o contribuinte pode optar pelo tipo de operação que melhor atenda os seus propósitos, ou seja, mais uma vez, ele não é obrigado a optar pela via mais onerosa do ponto de vista fiscal quando existem outras opções que se apresentam mais eficientes[18].

Assim, após a primeira e a segunda etapa, como podemos ver na representação abaixo, a *Target S/A* passa a ser controlada diretamente pelo *Acionista PF*, e não mais pela *Holding S/A*:

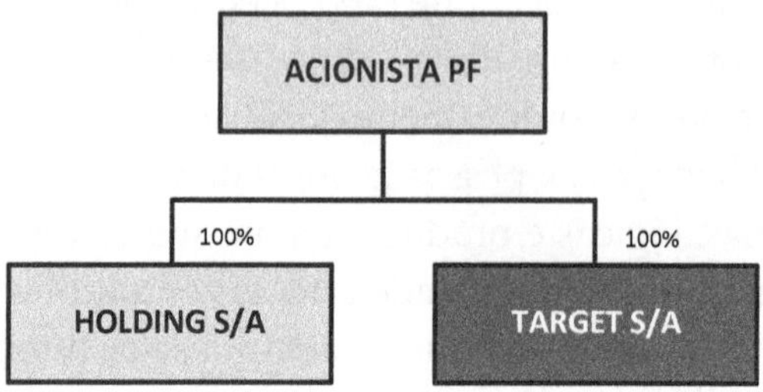

[17] Acórdão nº 3201-002.854, proferido pela 2ª Câmara da 1ª Turma Ordinária da Terceira Seção de Julgamento do CARF, em sessão realizada em 24 de maio de 2017.

[18] Acórdão nº 1201-001.618, proferido pela 2ª Câmara da 1ª Turma Ordinária da Primeira Seção de Julgamento do CARF, em sessão realizada em 10 de abril de 2017.

Terceira etapa: alienação da *Target S/A* diretamente pelo *Acionista PF*

Seguindo com a execução da estratégia, a terceira etapa é a própria venda da *Target S/A*. No entanto, embora este seja o último passo, geralmente ele tem início em momento anterior aos primeiros.

Isto porque, nada impede que antes de realizadas as operações societárias das etapas anteriores, o *Acionista PF* e a *Compradora S/A* formalizem um contrato preliminar de compra e venda com condição suspensiva (prévia transferência das ações ao sócio pessoa física), nos termos dos artigos 462 e 463 do Código Civil[19]. Além disso, é certo que a compra e venda também pode ser efetuada sobre coisa futura, ficando sem efeito o contrato se esta não vier a existir (caso a reorganização societária não se concluir, por exemplo), conforme artigo 483 deste mesmo código[20].

É essencial ressaltar que este contrato possui natureza de negócio condicional. Ou seja, muito embora ele seja firmado em momento anterior à reestruturação societária, a simples assinatura do contrato não o torna definitivo, uma vez que a venda das ações somente se concretizará em data futura e incerta, se e quando for implementada a condição suspensiva estipulada pelas partes (transferência das ações da *Target S/A* para o *Acionista PF*), em atenção aos artigos 121, 122 e 125 do Código Civil[21].

[19] Artigo 462 do Código Civil – O contrato preliminar, exceto quanto à forma, deve conter todos os requisitos essenciais ao contrato a ser celebrado; artigo 463 – Concluído o contrato preliminar, com observância do disposto no artigo antecedente, e desde que dele não conste cláusula de arrependimento, qualquer das partes terá o direito de exigir a celebração do definitivo, assinando prazo à outra para que o efetive.

[20] Artigo 483 do Código Civil – A compra e venda pode ter por objeto coisa atual ou futura. Neste caso, ficará sem efeito o contrato se esta não vier a existir, salvo se a intenção das partes era de concluir contrato aleatório.

[21] Artigo 121 do Código Civil – Considera-se condição a cláusula que, derivando exclusivamente da vontade das partes, subordina o efeito do negócio jurídico

Isto é importante para definir o momento da ocorrência do fato gerador do imposto de renda, que deverá ser considerado somente quando as ações forem de titularidade do acionista pessoa física, pois, de acordo com os artigos 116, inciso II, e 117, inciso I, ambos do Código Tributário Nacional[22], considera-se ocorrido o fato gerador e existentes os seus efeitos desde o momento da implementação da condição suspensiva.

Pois bem. Uma vez que o *Acionista PF* passou a ser o detentor direto do investimento na *Target S/A*, a alienação da participação societária desta empresa poderá ser realizada diretamente entre o sócio pessoa física e a *Compradora S/A*, conforme a seguinte ilustração:

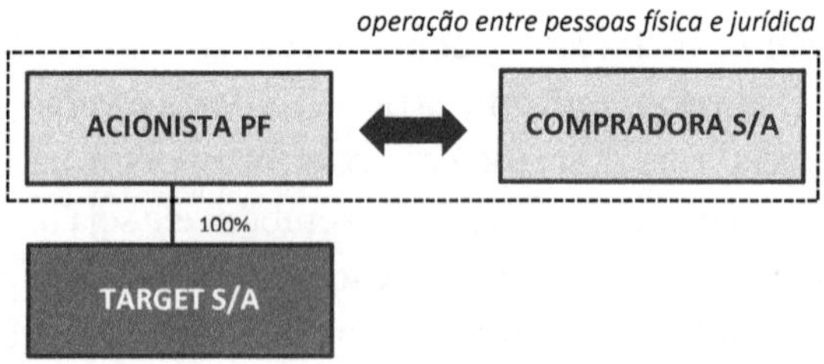

a evento futuro e incerto; Artigo 122 – São lícitas, em geral, todas as condições não contrárias à lei, à ordem pública ou aos bons costumes; entre as condições defesas se incluem as que privarem de todo efeito o negócio jurídico, ou o sujeitarem ao puro arbítrio de uma das partes; Artigo 125 – Subordinando-se a eficácia do negócio jurídico à condição suspensiva, enquanto esta se não verificar, não se terá adquirido o direito, a que ele visa.

22 Artigo 116, inciso II, do Código Tributário Nacional – Salvo disposição de lei em contrário, considera-se ocorrido o fato gerador e existentes os seus efeitos: II – tratando-se de situação jurídica, desde o momento em que esteja definitivamente constituída, nos termos de direito aplicável; Artigo 117, inciso I – Para os efeitos do inciso II do artigo anterior e salvo disposição de lei em contrário, os atos ou negócios jurídicos condicionais reputam-se perfeitos e acabados: I – sendo suspensiva a condição, desde o momento de seu implemento.

Concluído o planejamento tributário, haverá incidência de IRPF sobre o ganho de capital auferido pelo *Acionista PF*, com alíquota progressiva entre 15% e 22,5%, de acordo com o artigo 21 da Lei nº 13.259/16[23]. No entanto, caso a estratégia em estudo não tivesse sido utilizada, a operação seria tributada a 34%, pois haveria incidência de IRPJ, adicional de IRPJ e CSLL sobre o ganho de capital auferido pela *Holding S/A*, conforme os artigos 225 e 228, parágrafo único, do RIR/99[24].

Após analisarmos a legitimidade desta operação e verificarmos que não há nenhuma ilicitude no procedimento adotado, estudaremos no capítulo seguinte como esta estratégia é colocada em prática e qual o entendimento do CARF a respeito dela.

4. A Estratégia Colocada em Prática e o Entendimento do Conselho Administrativo de Recursos Fiscais (CARF) Sobre o Tema

Para demonstrar o aspecto prático do planejamento tributário objeto do presente artigo, serão apresentados a seguir alguns casos envolvendo grandes empresas como SPVias, Suzano,

[23] Artigo 21 da Lei nº 13.259/16 – O ganho de capital percebido por pessoa física em decorrência da alienação de bens e direitos de qualquer natureza sujeita-se à incidência do imposto sobre a renda, com as seguintes alíquotas: I – 15% sobre a parcela dos ganhos que não ultrapassar R$ 5.000.000,00; II – 17,5% sobre a parcela dos ganhos que exceder R$ 5.000.000,00 e não ultrapassar R$ 10.000.000,00; III – 20% sobre a parcela dos ganhos que exceder R$ 10.000.000,00 e não ultrapassar R$ 30.000.000,00; e IV – 22,5% sobre a parcela dos ganhos que ultrapassar R$ 30.000.000,00.

[24] Artigo 225 do RIR/99 – Os ganhos de capital, demais receitas e os resultados positivos decorrentes de receitas não abrangidas pelo artigo anterior, serão acrescidos à base de cálculo de que trata esta Subseção, para efeito de incidência do imposto; Artigo 228, § único – O imposto a ser pago mensalmente na forma desta Seção será determinado mediante a aplicação, sobre a base de cálculo, da alíquota de quinze por cento; § único – A parcela da base de cálculo, apurada mensalmente, que exceder a vinte mil reais ficará sujeita à incidência de adicional do imposto à alíquota de dez por cento.

Globo, entre outras, os quais foram recentemente julgados pelo CARF.

Em relação ao "Caso SPVias"[25], por R$ 947,2 milhões[26], o Grupo CCR adquiriu 73,45% das ações da Rodovia Integradas do Oeste S/A (SPVias) utilizando como pano de fundo da aquisição o planejamento tributário objeto deste estudo, reduzindo, assim, a tributação incidente na operação, de 34% para 15%.

Entretanto, por entender que a redução do valor tributável foi ilícita, o Fisco autuou o contribuinte e apontou como devido cerca de R$ 16 milhões de IRPJ, R$ 5,7 milhões de CSLL, além de multa de 150% sobre o valor total do débito.

Ao analisar o caso, os membros do CARF, por unanimidade, legitimaram o planejamento tributário realizado, mencionando que o fato dos acionistas efetuarem a redução do capital social visando a subsequente alienação de suas ações a terceiros, não caracteriza tal estratégia como simulação.

Quanto ao "Caso Globo"[27], tratou-se de uma operação pela qual a família Marinho vendeu a São Marcos Empreendimentos Imobiliários Ltda., empresa detentora de participações em diversos shopping centers brasileiros, por R$ 615 milhões. No caso, após as quotas de capital da São Marcos serem transferidas aos seus sócios pessoas físicas, a companhia foi vendida e o ganho de capital obtido foi tributado pelo IRPF.

25 As informações utilizadas na descrição do "Caso SPVIAS" foram extraídas do Acórdão nº 1201-001.809, proferido pela 1ª Turma Ordinária da 2ª Câmara da Primeira Seção de Julgamento do CARF, em sessão realizada em 25 de julho de 2017.

26 Informações a respeito da operação disponíveis em: http://economia.estadao.com.br/noticias/geral,ccr-compra-spvias-por-r-947-2-milhoes-imp-,590045. Acesso em: 20 de novembro de 2017.

27 As informações utilizadas na descrição do "Caso Globo" foram extraídas do Acórdão nº 1402-001.472, proferido pela 2ª Turma Ordinária da 4ª Câmara da Primeira Seção de Julgamento do CARF, em sessão realizada em 09 de outubro de 2013.

No entanto, a fiscalização sustentou que tal operação não teve motivação nem propósito negocial, sendo que o real objetivo era pagar menos imposto de renda a título de ganho de capital.

No acórdão deste caso, também por unanimidade, decidiram os conselheiros pela licitude da operação objeto deste trabalho, esclarecendo, inclusive, que constitui propósito negocial legítimo o encadeamento de operações societárias visando a redução das incidências tributárias, desde que efetivamente realizadas antes da ocorrência do fato gerador.

Ainda sobre o "Caso Globo", é válido destacar o seguinte trecho da decisão que reforça ainda mais a legalidade deste planejamento, senão vejamos:

> Ora, a própria legislação fiscal reforça o entendimento de que a prática da redução de capital social a valor contábil é legítima, possibilitando e tornando costumeiros os planejamentos tributários com base no art. 22 da Lei nº 9.249/95, para transferência de ganhos de capital da pessoa jurídica para a pessoa física (...) Ou seja, a opção fiscal exercida pela pessoa física diante da situação concreta, como conduta legítima e autorizada pelo ordenamento, não pode ser encarada como planejamento fiscal ilícito.

Outro importante precedente e talvez o mais emblemático dentre as diversas decisões favoráveis[28] ao contribuinte, é o

[28] Como exemplos, podemos citar: Acórdão nº 1402-001.251, proferido pela 4ª Câmara da 2ª Turma Ordinária da Primeira Seção de Julgamento do CARF, em sessão realizada em 07 de novembro de 2012; Acórdão nº 1402-001.252, proferido pela 4ª Câmara da 2ª Turma Ordinária da Primeira Seção de Julgamento do CARF, em sessão realizada em 07 de novembro de 2012; Acórdão nº 1402-001.341, proferido pela 4ª Câmara da 2ª Turma Ordinária da Primeira Seção de Julgamento do CARF, em sessão realizada em 05 de março de 2013; Acórdão nº 1402-001.477, proferido pela 4ª Câmara da 2ª Turma Ordinária da Primeira Seção de Julgamento do CARF, em sessão realizada em 09 de outubro de 2013; Acórdão nº 1301-001.864, proferido pela 3ª Câmara da 1ª Turma

"Caso Suzano Petroquímica"[29]. Neste caso, após reduzir o seu capital social, a Suzano Holding S/A restituiu, a valor contábil, as ações que possuía da empresa Suzano Petroquímica S/A (76%) aos seus acionistas pessoas físicas que, posteriormente, as venderam à Petrobras por R$ 2,1 bilhões, reduzindo em 19% a tributação incidente na operação.

Ocorre que o Fisco, mais uma vez entendendo que houve prática de atos ilícitos, desconsiderou a operação e autuou o contribuinte em cerca de R$ 81,2 milhões de IRPJ, R$ 72,2 milhões de CSLL, além de multa de 150% sobre o valor total do débito.

Neste caso, novamente por unanimidade de votos, os julgadores entenderam ser perfeitamente legítima a utilização do procedimento descrito neste trabalho para fins de economia tributária na alienação de participação societária, destacando o seguinte:

> Ademais, o fato dos acionistas planejarem a redução do capital social, celebrando contratos preliminares de que tratam os artigos 462 e 463 do Código Civil, visando a subsequente alienação de suas ações a terceiros, tributando o ganho de capital na pessoa física, se constitui em procedimento expressamente previsto no direito brasileiro.

Ordinária da Primeira Seção de Julgamento do CARF, em sessão realizada em 10 de dezembro de 2015; Acórdão nº 1201-001.920, proferido pela 2ª Câmara da 1ª Turma Ordinária da Primeira Seção de Julgamento do CARF, em sessão realizada em 18 de outubro de 2017; e Acórdão nº 1301-003.023, proferido pela 3ª Câmara da 1ª Turma Ordinária da Primeira Seção de Julgamento do CARF, em sessão realizada em 16 de maio de 2018.

[29] As informações utilizadas na descrição do "Caso Suzano Petroquímica" foram extraídas do Acórdão nº 1301-001.302, proferido pela 1ª Turma Ordinária da 3ª Câmara da Primeira Seção de Julgamento do CARF, em sessão realizada em 09 de outubro de 2013.

Além disso, em oportuno julgado[30], o CARF esclareceu o seu entendimento acerca de uma questão bastante importante para a utilização desta estratégia, admitindo que uma empresa reduza o seu capital social em momento imediatamente anterior à alienação das suas ações, afastando a possibilidade de o Fisco desconsiderar a operação pela simples existência de atos societários realizados em sequência em um curto espaço de tempo.

É importante destacar, entretanto, que, embora seja minoria, o próprio CARF já proferiu decisões desfavoráveis[31] ao contribuinte acerca da estratégia aqui descrita, com base, por exemplo, na redução do capital social fundado em motivo falso, ocorrência do fato gerador do imposto de renda em momento anterior à transferência das ações para o sócio pessoa física, prática de simulação e falta de propósito negocial.

Dessa forma, para que a economia tributária decorrente da operação que estudamos seja considerada lícita, é imprescindível que todos os seus atos sejam praticados conforme o ordenamento jurídico e em momento anterior à ocorrência do fato gerador, bem como sejam atos reais e não simulados.

Por fim, vale ressaltar também que, em que pese a jurisprudência administrativa ser majoritariamente favorável ao contribuinte, a Câmara Superior de Recursos Fiscais (CSRF),

[30] Acórdão nº 1301-002.582, proferido pela 3ª Câmara da 1ª Turma Ordinária da Primeira Seção de Julgamento do CARF, em sessão realizada em 16 de agosto de 2017.

[31] Como exemplos, podemos citar: Acórdão nº 1301-001.277, proferido pela 3ª Câmara da 1ª Turma Ordinária da Primeira Seção de Julgamento do CARF, em sessão realizada em 10 de setembro de 2013; Acórdão nº 1201-001.778, proferido pela 2ª Câmara da 1ª Turma Ordinária da Primeira Seção de Julgamento do CARF, em sessão realizada em 21 de junho de 2017; Acórdão nº 1301-002.609, proferido pela 3ª Câmara da 1ª Turma Ordinária da Primeira Seção de Julgamento do CARF, em sessão realizada em 19 de setembro de 2017; e Acórdão nº 1402-002.772, proferido pela 4ª Câmara da 2ª Turma Ordinária da Primeira Seção de Julgamento do CARF, em sessão realizada em 17 de outubro de 2017.

responsável pela uniformização da jurisprudência, ainda não se pronunciou a respeito deste planejamento tributário, não havendo, portanto, entendimento pacificado sobre o tema.

5. Conclusão

Como vimos no início deste artigo, diante da elevada e mal empregada carga tributária brasileira, além da tendência de que este encargo se torne cada vez maior, o planejamento tributário se apresenta como um importante meio para que companhias reduzam seus custos e deem continuidade às suas atividades empresariais.

Aliás, tal atuação preventiva de forma a minimizar os impactos tributários é, inclusive, dever de um bom administrador, uma vez que os tributos são, em última análise, custos como quaisquer outros, os quais devem ser, na medida do possível e desde que licitamente, reduzidos em prol da saúde financeira da empresa, como bem entendeu a relatora de um recente julgado[32] do CARF.

É notável, conforme analisado, que tal economia tributária deve ser fundamentada na prática de atos que não afrontem o ordenamento jurídico, caso contrário, estaremos diante de uma elusão ou evasão fiscal, práticas ilícitas que certamente devem ser combatidas pela Administração Tributária.

Pois bem. Uma das inúmeras estratégias existentes para que se alcance a legítima economia tributária é a operação que foi estudada ao decorrer dos capítulos deste trabalho: alienação de participação societária realizada por pessoa física que havia recebido tal ativo em virtude de redução de capital social de companhia da qual era acionista, reduzindo a tributação incidente sobre o ganho de capital.

[32] Acórdão nº 1401-002.347, proferido pela 4ª Câmara da 1ª Turma Ordinária da Primeira Seção de Julgamento do CARF, em sessão realizada em 10 de abril de 2018.

No entanto, muito embora tenhamos demonstrado a legalidade de todas as etapas desta estratégia, através da legislação e de recentes decisões administrativas, o Fisco, que normalmente pretende arrecadar mais do que a lei permite, geralmente desconsidera esta operação quando estruturada pelo contribuinte, de acordo com as diversas autuações fiscais que foram aqui mencionadas.

Por fim, concluímos que este *modus operandi* do Fisco afeta negativamente o contencioso administrativo tributário, abarrotando o CARF, por exemplo, de processos que se originam em autos de infração lavrados indevidamente, o que deveria ser evitado através de fiscalizações imparciais que levem em consideração a legitimidade de operações encadeadas pelo contribuinte a fim de postergar, reduzir ou até mesmo eliminar o pagamento de tributos, desde que por meio de prática de atos lícitos.

Referências

BUXADÉ, Antonio Duran-Sindreu. *Los motivos económicos válidos como técnica contra la elusión fiscal; economía de opción, autonomía de voluntad y causa en los negocios*. Navarra: Thomson-Aranzadi, 2007.

GARCIA NOVOA, César. *La cláusula antielusiva en la nueva LGT*. Madrid: Marcial Pons, 2004.

GERMANO, Lívia de Carli. A elusão tributária e os limites à requalificação dos negócios jurídicos. Dissertação (Mestrado em Direito Tributário) – Faculdade de Direito, Universidade de São Paulo, 2010.

GRECO, Marco Aurélio. Planejamento tributário. São Paulo: Dialética, 2004.

KESSLER, Wolfgang; EICKE, Rolf. *Germany's new GAAR – 'Generally Accepted Antiabuse Rule'? Tax notes international*. Vol. 49, n. 2, Falls Church: Tax Analysts, 2008.

LARRAZ, José. *Metodologia aplicativa del Derecho Tributario*. Madrid: Revista de Derecho Privado, 1952.

MACHADO, Brandão. Cisão de sociedade de capital estrangeiro e imposto de renda – PN 46/87. *Repertório IOB de jurisprudência: tributário, constitucional e administrativo*, n. 17, caderno 1, São Paulo: IOB, 1988.

MACHADO, Hugo de Brito. *Curso de Direito Tributário*. São Paulo: Malheiros, 2007.

OLIVEIRA ROCHA, Valdir de. *Grandes questões atuais do Direito Tributário*, Vol. 5, São Paulo: Dialética, 2001.

PIETRO, Adriano di. *L'elusione fiscale nell'esperienza europea*. Milano: Giuffrè, 1999.

PONT CLEMENTE, Joan Francesc. *La economia de opción*. Madrid: Marcial Pons, 2006.

TÔRRES, Heleno. *Direito Tributário Internacional*: Planejamento Tributário e Operações Transnacionais. São Paulo: Revista dos Tribunais, 2003.

TÔRRES, Heleno Taveira. *Direito Tributário e Direito Privado*: autonomia privada: simulação: elusão tributária, São Paulo: Revista dos Tribunais, 2003.

RUSSO, Rafaelle; FINNERTY, Chris; MERKS, Paulus; PETRICCIONE, Mario. *Fundamentals of International Tax Planning*. Amsterdam: IBFD, 2007.

Legislação e Jurisprudência

BRASIL, Lei nº 13.259, de 16 de março de 2016. Altera as Leis nos. 8.981, de 20 de janeiro de 1995, para dispor acerca da incidência de imposto sobre a renda na hipótese de ganho de capital em decorrência da alienação de bens e direitos de qualquer natureza, e 12.973, de 13 de maio de 2014, para possibilitar opção de tributação de empresas coligadas no exterior na forma de empresas controladas; e regulamenta o inciso XI do art. 156 da Lei nº 5.172, de 25 de outubro de 1966 – Código Tributário Nacional. Palácio do Planalto da Presidência da República, Brasília, DF. Disponível em: http://www.planalto.gov.br/ccivil_03/_ato2015-2018/2016/lei/l13259.htm. Acesso em: 22 de novembro de 2017.

BRASIL, Lei nº 10.406, de 10 de janeiro de 2002. Institui o Código Civil. Palácio do Planalto da Presidência da República, Brasília, DF. Disponível em: http://www.planalto.gov.br/ccivil_03/leis/2002/L10406.htm. Acesso em: 22 de novembro de 2017.

BRASIL, Decreto nº 3.000, de 26 de março de 1999. Regulamenta a tributação, fiscalização, arrecadação e administração do Imposto sobre a Renda e Proventos de Qualquer Natureza. Palácio do Planalto da Presidência da República, Brasília, DF. Disponível em: http://www.planalto.gov.br/ccivil_03/decreto/d3000.htm. Acesso em: 22 de novembro de 2017.

BRASIL, Lei nº 9.249, de 26 de dezembro de 1995. Altera a legislação do imposto de renda das pessoas jurídicas, bem como da contribuição social sobre o lucro líquido, e dá outras providências. Palácio do Planalto da Presidência da República, Brasília, DF. Disponível em: http://www.planalto.gov.br/ccivil_03/leis/L9249.htm. Acesso em: 22 de novembro de 2017.

BRASIL, Lei nº 6.404, de 15 de dezembro de 1976. Dispõe sobre as Sociedades por Ações. Palácio do Planalto da Presidência da República, Brasília, DF. Disponível em: http://www.planalto.gov.br/ccivil_03/leis/L6404consol.htm. Acesso em: 22 de novembro de 2017.

BRASIL, Lei nº 5.172, de 25 de outubro de 1966. Dispõe sobre o Sistema Tributário Nacional e institui normas gerais de direito tributário aplicáveis à União, Estados e Municípios. Palácio do Planalto da Presidência da República, Brasília, DF. Disponível em: http://www.planalto.gov.br/ccivil_03/leis/L5172.htm. Acesso em: 22 de novembro de 2017.

BRASIL, Lei nº 4.502, de 30 de novembro de 1964. Dispõe sobre o Imposto de Consumo e reorganiza a Diretoria de Rendas Internas. Palácio do Planalto da Presidência da República, Brasília, DF. Disponível em: http://www.planalto.gov.br/ccivil_03/leis/L4502.htm. Acesso em: 22 de novembro de 2017.

CARF, Acórdão nº 1301-003.023, proferido pela 3ª Câmara da 1ª Turma Ordinária da Primeira Seção de Julgamento, em sessão realizada em 16 de maio de 2018.

CARF, Acórdão nº 1401-002.347, proferido pela 4ª Câmara da 1ª Turma Ordinária da Primeira Seção de Julgamento, em sessão realizada em 10 de abril de 2018.

CARF, Acórdão nº 1201-001.920, proferido pela 2ª Câmara da 1ª Turma Ordinária da Primeira Seção de Julgamento, em sessão realizada em 18 de outubro de 2017.

CARF, Acórdão nº 1402-002.772, proferido pela 4ª Câmara da 2ª Turma Ordinária da Primeira Seção de Julgamento, em sessão realizada em 17 de outubro de 2017.

CARF, Acórdão nº 1301-002.609, proferido pela 3ª Câmara da 1ª Turma Ordinária da Primeira Seção de Julgamento, em sessão realizada em 19 de setembro de 2017.

CARF, Acórdão nº 1301-002.582, proferido pela 3ª Câmara da 1ª Turma Ordinária da Primeira Seção de Julgamento, em sessão realizada em 16 de agosto de 2017.

CARF, Acórdão nº 1201-001.809, proferido pela 1ª Turma Ordinária da 2ª Câmara da Primeira Seção de Julgamento, em sessão realizada em 25 de julho de 2017.

CARF, Acórdão nº 1201-001.778, proferido pela 2ª Câmara da 1ª Turma Ordinária da Primeira Seção de Julgamento, em sessão realizada em 21 de junho de 2017.

CARF, Acórdão nº 3201-002.854, proferido pela 2ª Câmara da 1ª Turma Ordinária da Terceira Seção de Julgamento, em sessão realizada em 24 de maio de 2017.

CARF, Acórdão nº 1201-001.618, proferido pela 2ª Câmara da 1ª Turma Ordinária da Primeira Seção de Julgamento, em sessão realizada em 10 de abril de 2017.

CARF, Acórdão nº 1301-001.864, proferido pela 3ª Câmara da 1ª Turma Ordinária da Primeira Seção de Julgamento, em sessão realizada em 10 de dezembro de 2015.

CARF, Acórdão nº 1402-001.477, proferido pela 4ª Câmara da 2ª Turma Ordinária da Primeira Seção de Julgamento, em sessão realizada em 09 de outubro de 2013.

CARF, Acórdão nº 1301-001.302, proferido pela 1ª Turma Ordinária da 3ª Câmara da Primeira Seção de Julgamento, em sessão realizada em 09 de outubro de 2013.

CARF, Acórdão nº 1402-001.472, proferido pela 2ª Turma Ordinária da 4ª Câmara da Primeira Seção de Julgamento, em sessão realizada em 09 de outubro de 2013.

CARF, Acórdão nº 1301-001.277, proferido pela 3ª Câmara da 1ª Turma Ordinária da Primeira Seção de Julgamento, em sessão realizada em 10 de setembro de 2013.

CARF, Acórdão nº 1402-001.341, proferido pela 4ª Câmara da 2ª Turma Ordinária da Primeira Seção de Julgamento, em sessão realizada em 05 de março de 2013.

CARF, Acórdão nº 1402-001.252, proferido pela 4ª Câmara da 2ª Turma Ordinária da Primeira Seção de Julgamento, em sessão realizada em 07 de novembro de 2012.

CARF, Acórdão nº 1402-001.251, proferido pela 4ª Câmara da 2ª Turma Ordinária da Primeira Seção de Julgamento, em sessão realizada em 07 de novembro de 2012.

A Reparação de Danos Causados pela Formação de Cartel: Uma Análise dos Problemas e Perspectivas do Judiciário Brasileiro à Luz da Experiência Internacional

Tomás de Sampaio Góes Martins Costa

1. Introdução

A formação de cartel é uma das condutas mais lesivas à livre concorrência, e, justamente por isso, representa um dos atos de maior relevância no âmbito da política antitruste[1].

Cartel, em resumo, consiste na atuação conjunta de concorrentes, em determinado segmento da economia, com o objetivo de obter vantagem econômica indevida aos participantes do cartel, ferindo a livre concorrência por meio, principalmente, de combinação de preços, meios de produção, divisão de territórios e combinação de revezamento de vencedores em licitações[2].

Ao longo dos últimos anos, o Brasil tem observado um crescimento considerável no combate aos cartéis, principalmente após o advento da Lei nº 8.884, de 11 de junho de 1994 ("Lei nº 8.884/94"), que transformou o Conselho Administrativo de

[1] Schapiro, Mario Gomes; Carvalho, Vinicius Marques de; Cordovil, Leonor (Coord.). **Direito Econômico e Concorrencial**. São Paulo: Saraiva, 2013. p. 247.

[2] Nusdeo, Fábio. **Curso de Economia**: introdução ao direito econômico. 5ª ed. São Paulo: RT, 2008. p. 279/280

Defesa Econômica (CADE) em autarquia vinculada ao Ministério da Justiça.

A importância e a força do CADE na repreensão às condutas antieconômicas foi ainda mais reforçada com a entrada em vigor da Nova Lei de Defesa da Concorrência, Lei nº 12.529, de 30 de novembro de 2011 ("LDC"), que concentrou no CADE todas as funções administrativas atinentes à manutenção da livre concorrência. Com isso, as investigações e os processos administrativos tornaram-se mais céleres, permitindo uma maior efetividade na fiscalização e punição de atos antieconômicos.

Os principais meios utilizados pelo CADE para identificação e investigação de cartéis são os Acordos de Leniência e os Termos de Compromisso de Cessação (TCC), por meio dos quais referida autarquia obtém acesso a informações e documentos cedidos pelos colaboradores envolvidos no cartel. Com isso o CADE tem superado um grande obstáculo na punição de cartéis: a obtenção de provas. Consequentemente, vem identificando e punindo um número superior de cartéis do que conseguia há alguns anos.

Não obstante os manifestos aprimoramento e crescimento da repressão aos cartéis em âmbito administrativo, o cenário de reparação de danos causados aos prejudicados pelos atos de cartel ainda caminha a passos lentos no Brasil.

O próprio CADE reconhece que são três os pilares principais para repreensão às práticas de cartel[3]: (i) público; (ii) penal; e (iii) privado. Hoje, no Brasil, vemos um total desequilíbrio na valorização destes três pilares, sendo gritante a distância da efetividade das punições nos âmbitos público e penal em comparação com o âmbito privado.

[3] Declaração do ex-superintendente geral do CADE, Diogo Thomson de Andrade, no evento CONCORRÊNCIA E O ADMIRÁVEL MUNDO NOVO, organizado pela OAB/SP, 2017, São Paulo, disponível em <https://www.youtube.com/watch?v=WAOWZw01kRA>. Acesso em 09 ago. 2017

A atuação do CADE, conforme já elucidado, visa à preservação do âmbito público, sendo sua função direta a aplicação das punições administrativas aos envolvidos na prática de cartel. No entanto, a atuação do órgão antitruste brasileiro, atualmente, acaba interferindo também no âmbito penal, vez que a LDC prevê, em seu art. 87, parágrafo único[4], a extinção da punição penal do signatário de acordo de leniência, valendo destacar, ainda, que é possível a troca direta de informações entre o CADE e as autoridades responsáveis pela investigação e processo penal.

Por outro lado, é praticamente inexistente a punição, em âmbito cível, dos envolvidos em cartel. Tal fato acaba não só amenizando a punição aplicada aos infratores, como deixa desamparados os prejudicados pela atividade do cartel, que não observam a indenização dos danos a eles causados.

A importância da punição em âmbito cível fica ainda mais evidenciada se observada a situação da leniência. Como é cediço, aquele que assina acordo de leniência tem afastada a punibilidade em âmbito administrativo e penal, nos termos do art. 86 da LDC. Porém, o referido dispositivo legal não afasta a possibilidade de reparação dos danos causados em âmbito cível.

Importante observar que a assinatura do acordo de leniência isenta o delator das punições administrativas e penais justamente em virtude do interesse público da delação, que é, como

[4] "Art. 87. Nos crimes contra a ordem econômica, tipificados na Lei no 8.137, de 27 de dezembro de 1990, e nos demais crimes diretamente relacionados à prática de cartel, tais como os tipificados na Lei no 8.666, de 21 de junho de 1993, e os tipificados no art. 288 do Decreto-Lei nº 2.848, de 7 de dezembro de 1940 – Código Penal, a celebração de acordo de leniência, nos termos desta Lei, determina a suspensão do curso do prazo prescricional e impede o oferecimento da denúncia com relação ao agente beneficiário da leniência.
Parágrafo único. Cumprido o acordo de leniência pelo agente, extingue-se automaticamente a punibilidade dos crimes a que se refere o caput deste artigo"

já dito, a principal forma utilizada pelo CADE para reunir as provas necessárias à identificação e punição do cartel. Por outro lado, o legislador não permitiu a interferência do CADE no direito privado, mantendo o direito de o prejudicado pela prática do cartel buscar a reparação cível dos prejuízos sofridos, direito que, em tese, seria até mesmo facilitado pela assinatura da leniência, vez que esta implica a confissão da prática de cartel, nos termos do inciso IV do art. 86 da LDC.

Há de se destacar que a condenação de empresas cartelizadas ao pagamento de indenização em âmbito cível possui, além do objetivo de reparação dos danos causados aos prejudicados, o importante papel de desestímulo à prática de novos atos antieconômicos, efeito que acaba criticamente mitigado quando uma empresa firma um acordo de leniência e não tem ajuizada contra ela Ação de Reparação por Danos Concorrenciais ("ARDC").

Vê-se, portanto, que o Sistema Brasileiro de Defesa da Concorrência ("SBDC") atribui enorme importância à punição em âmbito cível, vez que esta é a única forma de punição que jamais será afastada, por estar na esfera de direitos individuais. No entanto, quase que em contrassenso, não são poucos os problemas observados por aqueles interessados em buscar a reparação dos danos causados pela atividade de cartéis. O objetivo do presente artigo é, justamente, a análise destes problemas, com enfoque, principalmente, nas empresas não envolvidas no cartel e diretamente afetadas por sua atividade, buscando na experiência internacional – principalmente da União Europeia e dos Estados Unidos – e nas propostas apresentadas pelo CADE na Nota Técnica nº 24/2016, possíveis alternativas para tornar o cenário jurídico brasileiro mais favorável às ARDCs.

Após a análise de cada um dos principais problemas enfrentados pelos interessados em ajuizar ARDC no direito brasileiro, será feita uma análise das possíveis alternativas para tentar superar tais entraves sem prejudicar o Programa de Leniência que, conforme já destacado, é a principal ferramenta utilizada pelo CADE para identificação e punição de cartéis.

Ao final, além de analisar as principais alterações sugeridas na NT nº 24/2016, será realizada uma análise crítica das referidas alterações, com a apresentação da visão do autor acerca das propostas trazidas pelo CADE na mencionada NT, principalmente no que se refere ao equilíbrio entre o incentivo ao ajuizamento de ARDCs e a proteção ao Programa de Leniência brasileiro.

Mesmo não sendo o foco do presente estudo, é de suma importância destacar que a atividade cartelizada de empresas causa enorme prejuízo aos consumidores, que também possuem inúmeros óbices à observação da reparação pelos danos sofridos, principalmente pelo alto custo que estaria envolvido no ajuizamento de ação individual para reparação dos danos e pelo fato de que praticamente inexistem ações civis públicas ajuizadas para reparação dos danos causados por cartéis.

Tanto nos EUA quanto na UE há uma maior preocupação com os consumidores lesados pela prática do cartel do que com as empresas lesadas. No entanto, como bem observa Daniel Costa Caselta, há uma diferença de objetivos no tratamento dado à indenização cível no modelo americano em comparação com o modelo europeu. Na UE, o foco é a reparação efetiva dos danos causados pela prática do cartel, enquanto nos EUA o foco é o desestímulo à prática do cartel, conferindo ao prejudicado a possibilidade de receber montante equivalente ao triplo do prejuízo sofrido[5].

No cenário brasileiro, facilmente se constata que a proteção aos consumidores é, assim como nos EUA e UE, a principal preocupação do CADE na NT nº 24/2016, o que torna essencial uma análise do cenário brasileiro de ARDCs sob a ótica das empresas prejudicadas pela atividade de cartéis.

[5] CASELTA, Daniel Costa. **Responsabilidade Civil por Danos Decorrentes da Prática de Cartel**. 203 f. Dissertação (Mestrado em Direito Civil). Faculdade de Direito da Universidade de São Paulo. São Paulo. 2015.

2. Os Problemas Enfrentados no Cenário Jurídico Brasileiro e a Experiência Internacional

2.1. Dificuldade Para Produção de Provas

Talvez a principal problemática observada ao se buscar a reparação dos danos causados por cartéis seja a dificuldade na produção de provas, tanto da própria prática do cartel, quanto do dano causado àquele prejudicado por tal conduta antieconômica.

Normalmente, cartéis são estruturados por seus integrantes de forma velada, buscando maquiar a prática para dificultar sua identificação, o que torna uma missão praticamente impossível a de colher provas do conluio sem realizar-se uma investigação profunda, conduzida por profissionais especializados e, principalmente, com o auxílio de informações privilegiadas que, na expressiva maioria das vezes, são obtidas pelos investigadores do CADE por meio dos acordos de leniência e de TCCs.

Justamente em virtude da dificuldade da produção das provas da prática do cartel, o cenário ideal seria o de utilização, no âmbito das ARDCs, das provas – ou até mesmo das conclusões – colhidas no âmbito do CADE, cabendo aos autores das demandas judiciais apenas e tão somente o ônus de comprovar que a prática do cartel lhes causou um dano que deve ser indenizado e qual a extensão do prejuízo.

No cenário atual, o que se observa é a negativa do CADE em apresentar documentos e informações colhidas por meio de acordos de leniência ou TCC antes da realização do julgamento do Processo Administrativo, conforme o próprio ex-superintendente adjunto do CADE, Diogo Thomson de Andrade, reconheceu em palestra realizada na OAB/SP no dia 23.06.2017[6]. De um modo geral, o Judiciário costuma apoiar esta posição

[6] CONCORRÊNCIA E O ADMIRÁVEL MUNDO NOVO, evento organizado pela OAB/SP, 2017, São Paulo, disponível em <https://www.youtube.com/watch?v=WAOWZw01kRA>. Acesso em 09 ago. 2017

do CADE, entendendo pela impossibilidade de quebra da confidencialidade imposta pelo agente antitruste às informações provenientes do Programa de Leniência antes do julgamento em âmbito administrativo, entendimento pautado principalmente na ideia de que a exposição prematura das informações obtidas por meio de acordos de leniência pode causar prejuízo à atratividade do Programa de Leniência.

No entanto, o STJ, em recente julgado de relatoria do Ministro Marco Aurélio Belizze[7], em ARDC relacionada ao suposto cartel de compressores, determinou que fossem apresentados ao Judiciário os documentos obtidos por meio do acordo de leniência antes mesmo do julgamento pelo CADE. O STJ consignou que após a apresentação do relatório circunstanciado pela SG ao Presidente do Tribunal Administrativo, não haveria mais sentido em manter-se o sigilo de toda a documentação obtida por meio do acordo de leniência e que, inclusive, seria uma obrigação do CADE, nos termos do art. 11, X, da LDC, "prestar informações e fornecer cópias dos autos dos procedimentos administrativos ao Poder Judiciário, quando requeridas para instruir ações judiciais, de modo que eventual sigilo do procedimento administrativo não pode ser oposto ao Poder Judiciário".

Vê-se, portanto, que a decisão proferida pela Terceira Turma do STJ representa um importante precedente para a colaboração entre Judiciário e CADE em âmbito de ARDCs. O julgado supracitado foi, inclusive, um dos principais fatores que levaram o CADE a realizar a consulta pública que será melhor detalhada no Capítulo 4 deste artigo.

Analisando o cenário internacional, é possível verificar que tanto a União Europeia quanto os Estados Unidos possuem uma

[7] STJ – Resp nº 1.554.986/SP, Rel. Min. Marco Aurélio Belizze, Terceira Turma, DJ 05.04.2016

política bem estabelecida de acesso, em âmbito das ARDCs, à documentação obtida nas investigações de seus órgãos antitruste, sendo, no entanto, o regramento da UE muito mais restritivo ao acesso do que o norte-americano.

Na UE, são três os níveis de acesso à documentação produzida em âmbito de acordos de delação estabelecidos no artigo 5º da *Directive on Antitrust Damages Actions* – marco regulatório do *private enforcement* europeu: (i) *black list*, (ii) *grey list*, e (iii) *white list*.

A *black list* consiste em documentos que não poderão, em hipótese alguma, ser disponibilizados para o público, nem mesmo com ordem judicial. A justificativa para a impossibilidade de apresentação deste tipo de documento é a de que eles jamais seriam obtidos se não fosse por meio do Programa de Leniência, vez que se tratam de documentos produzidos pelo próprio colaborador – no Brasil, se enquadraria em tal categoria o Histórico de Conduta. Incluir este tipo de documentação na *black list* é medida adotada pela Comissão Europeia visando proteger a atratividade do Programa de Leniência para potenciais colaboradores.

Os documentos elencados na *grey list*, por sua vez, possuem proteção temporária e poderão ser apresentados mediante ordem judicial, após a autoridade antitruste proferir decisão final acerca do caso. A proteção temporária se justifica para evitar interferências externas no curso da investigação.

Por fim, os documentos e informações categorizados na *white list* poderão ser apresentados aos tribunais, em âmbito das ARDCs, a qualquer tempo, vez que tal documentação, no entendimento da Comissão Europeia, poderia ser obtida mesmo sem a colaboração das empresas delatoras.

Já nos EUA, muito embora inexista um regramento específico acerca do acesso à documentação em ARDCs, são aplicadas as regras de três diplomas legais: *Freedom of Information Act*,

Federal Rules of Criminal Procedure, e *Federal Rules of Civil Procedure*. Os três diplomas mencionados estabelecem, como regra geral, o livre acesso à documentação, desde que proferida ordem judicial neste sentido.

As três principais exceções à regra geral de amplo acesso à documentação no direito norte-americano são (i) o sigilo investigativo; (ii) o sigilo do informante; e (iii) a informação privilegiada.

A ideia por trás das primeiras duas exceções mencionadas é justamente evitar que o acesso à informação possa prejudicar o andamento do processo investigativo. No entanto, após a conclusão da investigação, via de regra, será permitido o acesso dos prejudicados pelo cartel a tais informações, sendo, portanto, temporário o sigilo de tais documentos[8].

Já as informações categorizadas como privilegiadas, estas sim, via de regra, jamais terão sua confidencialidade encerrada. Normalmente, são categorizadas como informações privilegiadas as comunicações entre clientes e advogados, os segredos comerciais/industriais e os documentos de trabalho elaborados por advogados do órgão antitruste estadunidense ou até mesmo por advogados dos participantes do programa de leniência[9].

Há, ainda, uma interessante regra no direito norte-americano de inversão do ônus da prova em ARDCs, estabelecendo o dever dos réus de apresentar em juízo toda a documentação necessária à contraprova da alegação do autor da ação de reparação de danos causados pela prática do cartel. De fato, partindo da premissa de que a maior parte dos documentos que comprovam a prática do cartel são muito bem acobertados pelas empresas que o constituem, parece fazer todo sentido a inver-

[8] *In re Flat Glass Antitrust Litig.* (Flat Glass I), MDL No. 1200, Misc. No. 97550, at 56 (W.D. Pa. Mar. 26, 1998)

[9] Nota Técnica do CADE nº 24/2016

são do ônus da prova, não só para as ações de Direito do Consumidor, mas também para as ARDCs movidas por empresas concorrentes supostamente prejudicadas pelo cartel, vez que os acusados da conduta antieconômica possuem meios muito mais adequados de apresentar provas que os isentem da acusação do que o contrário.

No direito brasileiro, com o advento do Novo Código de Processo Civil, seria possível, nos termos dos artigos 373, §1º e 139, inciso VI do referido diploma, que o juiz responsável pelo julgamento da ARDC determine a inversão do ônus da prova, em virtude da maior facilidade de produção da prova por parte do réu – a chamada distribuição dinâmica do ônus da prova. Não foi encontrado nenhum precedente de ARDC com a aplicação da teoria da distribuição dinâmica do ônus da prova, mas, ao menos em tese, a aplicação do referido instituto legal parece ser totalmente adequada para casos de ARDC.

Vale destacar que as próprias decisões do CADE podem ser utilizadas como prova em âmbito cível. As decisões do CADE – mesmo as não terminativas – são, via de regra, muito detalhadas e buscam apresentar o máximo possível de informações colhidas em âmbito das investigações – a ideia do CADE é, justamente, que suas decisões possam ser utilizadas como prova em ARDCs, sem que seja necessária a quebra do sigilo da documentação obtida por meio dos acordos de leniência e TCCs.

Com o respeito às possíveis opiniões divergentes, se utilizada como prova em ARDC uma decisão definitiva do CADE reconhecendo a prática do cartel, ou até mesmo um acordo de leniência ou TCC – em que o signatário confessa, para obtenção dos benefícios, a prática do cartel –, é imperioso que se parta do princípio de que a formação do cartel tornou-se inquestionável, cabendo ao Judiciário apenas e tão somente o dever de averiguar se a atividade do cartel causou ou não danos ao autor da ação de indenização.

A Comissão Europeia possui estabelecido no *White Paper* que a decisão proferida em âmbito administrativo, pelas autoridades de defesa da concorrência, tem efeito vinculativo para o Judiciário. Neste cenário, se importássemos tal entendimento para o Direito Brasileiro, as decisões do CADE não só teriam força probatória, mas sim seriam atestados inquestionáveis da prática da conduta anticoncorrencial, não podendo o Judiciário entrar no mérito, por exemplo, da formação ou não do cartel[10]. Os EUA também adotam como regra a atribuição de força de título executivo à decisão do órgão antitruste.

Muito embora a legislação brasileira não estabeleça que a decisão tomada em âmbito administrativo será vinculante com relação ao fato e à sua autoria – como faz o art. 935 do Código Civil para condenações em âmbito penal –, é necessário que só se admita a possibilidade de se questionar, em âmbito judicial, a formação do cartel se ela ainda não foi confirmada em âmbito administrativo – qualquer outro cenário poderá implicar um conflito inaceitável de decisões entre as duas esferas, o que causaria verdadeira insegurança jurídica, além de tornar ainda mais moroso, de forma desnecessária, o processo de reparação de danos.

Como o cenário de ARDCs ainda é muito incipiente no Brasil, por ora é difícil assegurar se o Judiciário adotará como premissa o respeito às decisões proferidas pelo CADE, mas, ao menos nas poucas demandas ajuizadas até hoje, não se localizou precedente de decisão judicial em conflito com o entendimento administrativo.

[10] CARVALHO, Lívia Cristina Lavandeira Gândara de. **Responsabilidade civil concorrencial**: a busca pela efetiva reparação de danos. 2011. 73 f. Dissertação (Bacharelado em Direito) – Fundão Getúlio Vargas, Rio de Janeiro. p. 42.

2.2. Dificuldade de Quantificar o Quantum Indenizatório

Diretamente ligada à questão da dificuldade para a produção de provas, está a problemática da quantificação do prejuízo sofrido pela vítima do cartel.

Focando especificamente no cenário das empresas prejudicadas pela formação de cartéis, objeto principal deste trabalho, há uma série de fatores que devem ser considerados no momento de se arbitrar o *quantum* indenizatório.

Tomemos como exemplo o cenário de uma licitação pública, em que se formou um cartel entre os principais participantes para definir o vencedor, sendo combinadas outras formas de vantagem às demais empresas formadoras do cartel. Neste caso, o dano mais fácil de ser apurado e indenizado seria o valor despendido pelas empresas não envolvidas no esquema que participaram da licitação. No entanto, fica a dúvida: seria possível a condenação para indenizar a perda de uma chance do licitante não envolvido no cartel? Ao menos segundo a apuração do autor deste artigo, não há nenhuma ação de indenização ajuizada no Judiciário brasileiro cujo objeto seja a formação de cartel em licitação pública.

Se observarmos a experiência internacional no assunto, a *Directive on Antitrust Damages Actions* da UE, por exemplo, estabelece que todas as partes lesadas por práticas anticompetitivas têm direito de receber compensação integral pelos danos sofridos, incluindo lucros emergentes e lucros cessantes, com acréscimo de juros. No entanto, resta ainda a questão que parece ser a mais problemática atinente ao tema: como apurar, de forma fidedigna, o *quantum* necessário à indenização de cada um destes prejuízos?

Um método interessante – e, vale dizer, complexo – de cálculo dos danos oriundos da pratica de cartel foi proposto em extenso estudo liderado pelo escritório Oxera e apresentado à Comissão Europeia, em que se sugere a utilização de técnicas como a simulação de um ambiente competitivo (o chamado *before-and-after method*), análise contábil das empresas e a comparação entre mercados diversos (*yardstivk method*)[11]. Vale destacar que a utilização deste tipo de método de apuração de danos no direito brasileiro exigiria, muito provavelmente, a produção de prova pericial, vez que a expressiva maioria dos magistrados brasileiros não possui o preparo técnico necessário para este tipo de análise.

De suma importância observar que o valor da condenação em ARDC, conforme já suscitado alhures, não deve servir apenas para indenizar o prejuízo sofrido pelo autor, mas também deve servir como forma de desestimular a empresa ré a praticar novos atos antieconômicos[12]. Neste sentido, é essencial que o valor da indenização seja alto o suficiente para fazer com que o cartel deixe de ser uma prática financeiramente interessante aos seus participantes.

Nos Estados Unidos, o valor da indenização deve corresponder ao triplo do prejuízo sofrido pelo autor da ARDC. Este cálculo de três vezes o valor do prejuízo está pautado na comparação entre o número de condutas anticompetitivas praticadas nos EUA e a quantidade efetiva de condenações, ou seja, estima-se que são condenadas em ARDCs uma em cada três práticas de cartel ocorridas nos Estados Unidos[13]. Utilizando-se

[11] **Quantifying antitrust damages – towards non binding guidance for courts**, 2009, disponível em: <http:/ec.europa.eu/competition/antitrust/actionsdamages/quantification_study.pdf>. Acesso em 12 nov. 2017

[12] É pacífico o entendimento, tanto na doutrina quanto na jurisprudência pátria, no sentido de que a indenização possui natureza sancionatória indireta, funcionando não só como uma forma de reparar o dano causado, mas também como forma de desestímulo à repetição da conduta. Neste sentido, ver GONÇALVES, Carlos Roberto. **Direito Civil Brasileiro, volume 4:** Responsabilidade Civil. 7. Ed. São Paulo: Saraiva, 2012. p. 397/398

[13] HOVENKAMP, Herbert. **Antitrust's protected classes**. Michigan Law Review, Vol. 88, n. 1, 1989-1990, p. 7.

de tal razão aritmética, o direito norte-americano parece ter encontrado uma forma interessante e consideravelmente eficaz de fazer com que o risco de condenação torne a prática de cartel um negócio extremamente arriscado.

No Brasil, infelizmente a forma de quantificação do *quantum* indenizatório ainda é totalmente desregrada, sendo aplicados os mais diversos critérios – todos eles definidos pelo próprio magistrado responsável pelo julgamento da ARDC que, muitas vezes, sequer consigna, em suas decisões, o motivo da adoção do critério por ele utilizado. Em estudo realizado acerca do tema da quantificação, Lívia Cristina de Carvalho realizou ampla pesquisa jurisprudencial[14], apurando a aplicação dos mais diversos métodos de quantificação de prejuízos, chegando ao ponto de ser constada a aplicação, em caso envolvendo suposto cartel no mercado de distribuição de combustíveis no Sul do país, de indenizações em montantes totalmente diferentes para o mesmo tipo de dano[15], o que acaba por estampar um inquestionável cenário de insegurança jurídica.

De todo modo, apenas com o aumento do ajuizamento de ARDCs será possível avaliar quais os melhores métodos de quantificação de danos a serem aplicados no direito brasileiro, vez que a jurisprudência pátria ainda é insuficiente acerca do tema, não tendo sido localizada uma ação sequer que trate, por exemplo, de indenização material por empresa concorrente

[14] CARVALHO, Lívia Cristina Lavandeira Gândara de. **Responsabilidade civil concorrencial**: a busca pela efetiva reparação de danos. 2011. 73 f. Dissertação (Bacharelado em Direito) – Fundão Getúlio Vargas, Rio de Janeiro.

[15] Na Apelação Cível nº 70018714857, julgada pelo Tribunal de Justiça do Rio Grande do Sul, foi aplicada indenização no valor de R$ 20 mil, enquanto em Ação Civil Pública nº 027/1.05.0004158-2, julgada pelo mesmo Tribunal, aplicou-se indenização no valor de R$ 750 mil, mesmo sendo os julgados referentes à atuação do mesmo cartel, não tendo o Tribunal esclarecido quais os motivos para a diferença entre as condenações

lesada pela prática do cartel – este tipo de apuração de danos seria muito mais complexo do que a análise de danos sofridos por consumidores.

2.3. Prescrição

A prescrição da pretensão à indenização cível em virtude de prejuízos causados pela prática de cartel é de 3 (três) anos, nos termos do artigo 206, § 3º, V, do Código Civil[16].

Esse curto prazo prescricional, por si só, já é um ponto extremamente sensível a ser observado por aqueles prejudicados pela prática de cartel que pretendem ajuizar ARDC. No entanto, o cenário se torna ainda mais preocupante ao se observar a inexistência de consenso acerca do termo inicial para o cômputo do prazo prescricional.

A expressiva maioria da doutrina e jurisprudência entende pelo início do computo do prazo prescricional da data em que cessada a prática do cartel, vez que, para atos continuados – como é o caso de cartel –, faz-se uma interpretação extensiva do art. 189 do Código Civil, no sentido de que o prazo prescricional terá seu computo iniciado na data em que cessado o ato. O problema, no caso do cartel, é conseguir identificar, com precisão, a data do término da conduta.

A questão da prescrição – e da definição de seu termo inicial – se torna um problema ainda maior se observada a já destacada dificuldade na produção de provas da prática de cartel. Conforme já elucidado, uma das formas mais eficientes de se garantir as provas necessárias à propositura da ARDC é aguardar a investigação e o julgamento do processo administrativo pelo CADE. Ocorre, no entanto, que boa parte dos casos inves-

[16] "Art. 206. Prescreve:
[...] § 3º Em três anos:
[...] V – a pretensão de reparação civil;"

tigados pelo CADE abrangem períodos muito anteriores ao início do processo administrativo, justamente em virtude da ampla investigação realizada. Com isso, as decisões de condenação em âmbito administrativo – ou até mesmo os acordos de leniência ou TCCs – efetivam-se, em sua maioria, anos depois do período investigado.

Vale destacar, por outro lado, que na expressiva maioria dos casos, a atuação do cartel se mantém mesmo após o início das investigações pelo CADE – em alguns casos, como o do Cartel dos Gases Industriais[17], os atos antieconômicos se mantiveram mesmo após a condenação em âmbito administrativo. Nestes casos, caberá ao autor da ARDC comprovar por quanto tempo se estendeu a prática do cartel para fins de cômputo do prazo prescricional.

Nos Estados Unidos, o prazo prescricional para ajuizamento de ARDC é de 4 (quatro) anos, computados a partir da cessação da conduta, para casos de prática continuada. Há, ainda, a suspensão do prazo prescricional durante as investigações do cartel pelo poder público, reiniciando o prazo prescricional após proferida a decisão pelo órgão antitruste[18][19].

Já o artigo 10º da Diretiva Europeia estabelece um prazo prescricional mínimo de 5 (cinco) anos e prevê, ainda, que o cômputo do prazo prescricional só se iniciará após o decurso de um prazo mínimo de 1 (um) ano, contado do momento em que cessada a prática do cartel e que a parte interessada no ajuizamento da ARDC tiver tomado conhecimento "(i) da conduta em causa e de que essa constitui uma infração ao direito da con-

[17] Processo Administrativo nº 08012.009888/2003-70

[18] Clayton Act, §§ 4B c/c 5

[19] Jones, Alison. Private Enforcement of EU Competition Law: A comparison with, and lessons from, the US. **SSRN**. 2016. Disponível em <https://papers.ssrn.com/sol3/papers.cfm?abstract_id=2715796>. Acesso em: 20 nov. 2017

corrência; (ii) do nexo causal entre a infração concorrencial e o dano; e (iii) da identidade do infrator"[20].

Conforme se denota, no que tange ao prazo prescricional, o regramento europeu é muito mais protetivo que o americano ao lesado pela prática do cartel. Na consulta pública de nº 05/2016, o CADE sugere a alteração da legislação para estabelecer que o prazo prescricional passe a correr apenas após o julgamento do processo administrativo, ficando suspensa a prescrição durante seu curso, em modelo muito semelhante ao norte-americano.

Muito embora a sugestão do CADE torne o cenário prescricional das ARDCs muito mais adequado e seguro que o atual, a manutenção do prazo em apenas 3 (três) não parece se mostrar adequada. Mesmo com a suspensão do prazo prescricional ao longo do procedimento administrativo, caso não sejam tomadas medidas efetivas para que os prejudicados por cartel tomem ciência do direito ao ajuizamento da ARDC e de acesso – mesmo que regulamentado de forma restritiva – às informações e documentações obtidas pelo CADE, o prazo de 3 (três) anos pode não se mostrar suficiente para que os possíveis interessados no ajuizamento de ARDC reúnam todas informações, provas e suporte jurídico necessários ao ajuizamento da ação de indenização.

2.4. O Desconhecimento, pelos Prejudicados, do Direito de Buscar a Reparação de Danos Sofridos pela Prática do Cartel

Justamente por quase inexistirem ARDCs em curso no Brasil, uma grande parcela dos lesados pela conduta de cartéis sequer tem conhecimento de que possuem o direito de buscar a reparação pelos prejuízos sofridos. Há, inclusive, quem seja induzido em erro ao imaginar que a única sanção pecuniária que

[20] Nota Técnica do CADE nº 24/2016

pode ser aplicada às empresas participantes de cartel é a multa aplicada pelo CADE.

Sabendo da importância de levar aos prejudicados por cartéis a informação de que estes possuem o direito de pleitear a reparação de danos, o CADE vem adotando a postura de notificar os lesados pela prática do cartel ou entidades que os representem – como associações de classes ou até mesmo o Ministério Público, que possui legitimidade para representar os lesados (principalmente consumidores) em ações coletivas –, informando da condenação das empresas e da possibilidade de ajuizamento da ARDC.

O CADE notificou associações e empresas lesadas, por exemplo, pelo cartel dos gases industriais[21], informando acerca da condenação, em âmbito administrativo, das empresas envolvidas no cartel. A mencionada notificação culminou no ajuizamento de ARDC pela Associação de Hospitais de Minas Gerais[22], que ainda pende de julgamento, mas que já representa um importante marco no cenário do *private enforcement* brasileiro.

É extremamente importante que o CADE continue adotando este tipo de medida para difusão do conhecimento acerca da existência do direito de indenização, mas seria ainda mais interessante e eficaz se a referida autarquia inserisse a obrigação de indenização dos prejudicados pela prática do cartel em seus acordos de leniência e TCCs, à exemplo do que ocorre nos Estados Unidos. Conforme já destacado, no direito norte-americano, a reparação dos prejudicados é *conditio sine qua non* para assinatura de acordos de leniência, sendo visível o impacto desta política americana em seu cenário de *private enforcement*,

[21] Processo Administrativo nº 08012.009888/2003-70

[22] Ação Civil Pública Nº 7099345-90.2009.8.13.0024, em tramite perante a 28ª Vara Cível de Belo Horizonte

vez que, nos EUA, estima-se que de 90% a 95% dos casos que tratam de matéria antitruste são ajuizados por entes privados, sendo que é realizado acordo na expressiva maioria dos casos[23].

A inclusão do dever de reparação de danos em acordos de leniência e TCC seria benéfico até mesmo para as próprias empresas signatárias de tais acordos, vez que estas já poderiam saber, de antemão, o valor total que terão de despender para a assinatura do acordo – neste caso, incluindo multas e indenizações – o que permitiria a elas provisionar o montante necessário e mitigar riscos – isso, claro, partindo da premissa de que o Judiciário não poderia aceitar condenações ao pagamento de indenização que superem os valores entabulados no acordo de leniência.

2.5. Custos Envolvidos na Demanda Judicial X Probabilidade de Êxito

Para melhor entendimento da questão da viabilidade econômica do ajuizamento de ARDCs, é interessante utilizarmos o exemplo de uma possível situação prática. Imaginemos o cenário em que uma grande empresa – ou até mesmo um grupo de empresas – foi prejudicada pela atuação de um cartel envolvendo as principais empresas de determinado setor no país. Evidentemente, um dano causado por cartel que envolva, em ambos os lados, grandes empresas, o dano causado às prejudicadas pelo cartel será elevado e, consequentemente, o valor a ser atribuído à causa será alto. Diante de tal cenário, fácil a conclusão de que as custas processuais para ajuizamento da demanda serão de alta monta.

Considerando, ainda, a complexidade da matéria envolvendo cartéis – que exige, daqueles que atuam no ramo, conhe-

[23] HOVENKAMP, Herbert. **Federal Antitrust Policy: the Law of competition and its practice.** 3ª edição. Minnesota: Thomson/West, 2005, p.602.

cimentos multidisciplinares, necessitando conhecimentos não só jurídicos, mas também econômicos –, os honorários para contratação de advogados especializados no tema, sem sombra de dúvidas, serão extremamente elevados, devendo ser considerado, ainda, o risco de condenação ao pagamento de honorários sucumbenciais – que, considerando a complexidade da matéria e a provável interposição de diversos recursos, deverão ser fixados em montante elevado, seguindo os parâmetros dos incisos do § 2º do art. 85 do CPC.

Mesmo que a ARDC seja ajuizada com base em condenação prévia do CADE, é muito provável que seja necessária a realização de perícia para apuração dos danos sofridos pela empresa prejudicada, conforme já destacado, e, considerando que o autor provavelmente terá a necessidade de requerer a realização da perícia, será dele a responsabilidade pelo pagamento inicial das custas, nos termos do art. 82 do CPC, só sendo reembolsado o valor pelos réus em caso de êxito do demandante.

Ora, analisando todos os valores que deverão/poderão ser despendidos pelo autor de ARDC além de todos os problemas elencados nos itens anteriores deste artigo, é de se imaginar o receio das empresas no ajuizamento deste tipo de demanda ao realizar-se a comparação de custos com a probabilidade de êxito – que é extremamente difícil de ser apurada no cenário atual do direito brasileiro.

Caso sejam tomadas medidas efetivas para ao menos mitigar os problemas elencados nos itens anteriores – principalmente a questão da produção de provas – automaticamente se estará mitigando os riscos financeiros da empresa prejudicada que pretende ajuizar ARDC, haja vista que, por mais que ela tenha de despender valores relevantes no início da demanda, a prejudicada terá uma maior segurança de que o montante gasto terá boas probabilidades de ser ressarcido no julgamento final, juntamente da condenação de indenização.

3. Como Conciliar a Preservação da Leniência e do TCC com o Incentivo à Reparação dos Danos em Âmbito Cível?

Todos os problemas abordados no capítulo anterior deste artigo levam a uma importante pergunta: caso se resolvam os principais problemas enfrentados no âmbito do direito brasileiro para o ajuizamento de ARDCs e, consequentemente, seja observado um crescimento no ajuizamento das ações de reparação, corre-se o risco de haver uma grande redução de interessados em firmar acordos de leniência?

Como é cediço, hoje, aquelas empresas que buscam o CADE para firmar acordo de leniência, em virtude do irrelevante número de ARDCs ajuizadas no direito brasileiro, não consideram a possibilidade de figurar no polo passivo de ações de reparação de danos, por mais que a LDC não preveja, para os signatários de leniência, a imunidade em âmbito cível e que tal fato seja destacado pela autoridade administrativa quando da assinatura do acordo de leniência.

Ciente de tal cenário, o CADE, muito embora esteja empenhado em fomentar o ajuizamento de ARDCs no Brasil, ao mesmo tempo em que reconhece a importância do acesso à documentação colhida em âmbito da investigação administrativa para instrução das ARDCs, destaca, na NT nº 24/2016, sua preocupação com o risco de um eventual aumento no ajuizamento de ações de responsabilização em âmbito cível acabar por desencorajar as empresas a firmarem acordos de leniência. O agente antitruste destaca, na referida NT, que:

> [e]mbora no contexto das ARDC, por um lado, o acesso a materiais oriundos de Acordos de Leniência e TCC possa ser justificado pelo caráter de acervo probatório necessário para o sucesso da pretensão indenizatória dos consumidores lesados, por outro, pode expor os signatários do Acordo de Leniência e os compromissários do TCC a uma situação pior do que a dos coautores que

não cooperaram com as autoridades antitruste, criando assim um desincentivo ao enforcement público[24].

O entendimento do CADE se pauta, principalmente, no fato de que o art. 942 do Código Civil[25] estabelece a responsabilidade solidária de todos os partícipes do cartel e, diante de tal cenário, os prejudicados pela prática do cartel poderiam ajuizar ARDC apenas em face da signatária do acordo de leniência, vez que a empresa, para firmar o acordo, tem de confessar a prática do ato antieconômico[26].

É manifesto o risco de, no cenário atual, um eventual aumento expressivo de ações de reparação acabar por prejudicar o interesse das empresas em firmar acordos de leniência e TCCs, o que poderia criar uma verdadeira anomalia, vez que tais acordos são, conforme já destacado, o principal meio utilizado pelo CADE para identificação, investigação e punição de cartéis. Justamente por isso, o maior desafio encontrado no Brasil e no mundo é o de conciliar estes dois sistemas.

Um ponto que o CADE vê como fundamental é tentar buscar um meio de garantir que as empresas que estão colaborando com as investigações, por meio de leniência ou TCC, não acabem sendo mais expostas, em âmbito de reparação cível, do que as que não firmaram acordos de colaboração[27]. Alexan-

[24] Nota Técnica do CADE nº 24/2016

[25] "Art. 942. Os bens do responsável pela ofensa ou violação do direito de outrem ficam sujeitos à reparação do dano causado; e, se a ofensa tiver mais de um autor, todos responderão solidariamente pela reparação.
Parágrafo único. São solidariamente responsáveis com os autores os co-autores e as pessoas designadas no art. 932."

[26] Martinez, Ana Paula; Cordovil, Leonor. Política de leniência – avanços e perspectivas. In: Carvalho, Vinicius Marques de (Coord.), **A Lei 12.529/2011 e a Nova Política de Defesa da Concorrência**, São Paulo : Singular, 2015. p. 313/315

[27] CONCORRÊNCIA E O ADMIRÁVEL MUNDO NOVO, evento organizado pela OAB/SP, 2017, São Paulo, disponível em <https://www.youtube.com/watch?v=WAOWZw01kRA>. Acesso em 09 ago. 2017

dre Cordeiro Macedo – superintendente geral do CADE –, em entrevista concedida ao Valor Econômico, manifestou apoio ao projeto de lei 283/2016, que se encontra em tramite no Senado Federal e que visa definir a possibilidade de reparação em dobro aos lesados por prática de cartel, pena que, segundo estabelece o projeto de lei, não seria aplicada aos signatários de acordo de leniência[28].

Nos EUA, por exemplo, busca-se ao máximo fazer com que as empresas signatárias de acordo de leniência arquem com indenizações em valores inferiores aos que serão desembolsados por aquelas que firmaram *plea agrements* e, principalmente, que as empresas que colaboraram de alguma forma com as investigações, paguem indenizações inferiores àquelas que não assinaram qualquer tipo de acordo de colaboração.

Segundo destacou o ex-superintendente adjunto do CADE na já citada palestra da OAB/SP, uma exposição prematura dos réus colaboradores às ações de reparação de danos, durante o andamento do processo administrativo, pode acabar por prejudicar o uso efetivo, pelo CADE, dos acordos de leniência e TCC, vez que os réus colaboradores continuam apresentando provas e colaborando com a investigação até o efetivo julgamento pelo CADE – ou seja, a colaboração continua mesmo após a apresentação do relatório circunstanciado, utilizado pelo STJ, no já mencionado acórdão do REsp nº 1.554.986/SP, como termo temporal para possibilitar a relativização do sigilo dos documentos colhidos em âmbito administrativo, quando solicitados por ordem judicial.

Muito embora o ex-superintendente adjunto do CADE tenha manifestado entendimento no sentido de que a mencio-

[28] MARCHESINI, Lucas; PUPO, Fábio. Cade defende mais sigilo em acordos de leniência. **Valor Econômico**. Brasília, 24 out. 2017. Disponível em <http://www.valor.com.br/brasil/5166770/cade-defende-mais-sigilo-em-acordos-de-leniencia>. Acesso em 21 out. 2017.

nada decisão do STJ foi, de um modo geral, positiva, consignou que ela apresenta um risco considerável ao acordo de leniência firmado no caso dos compressores. Em sua visão, se os colaboradores passarem a ser responsabilizados prematuramente em âmbito cível, tal cenário pode fazer com que as empresas delatoras apresentem menos provas após firmada a leniência ou o TCC, para tentar mitigar os efeitos da reparação cível[29].

A ideia do CADE é que o sigilo dos documentos a terceiros prejudicados seja a regra ao longo do trâmite do processo administrativo e que a abertura do acesso aos documentos seja a exceção durante tal fase, invertendo-se tal lógica após o julgamento do processo administrativo. Busca-se fazer uma gradação de publicidade, abrindo, cada vez mais, a publicidade dos documentos na medida em que avançar o processo administrativo, a exemplo do que ocorre na União Europeia.

4. Análise das Medidas que Vêm Sendo Adotadas para Facilitar a Reparação de Danos no Direito Brasileiro

O CADE, principalmente desde 2016, vem adotando medidas para buscar fomentar o ajuizamento das ARDCs, mas sempre com o cuidado de preservar seu programa de leniência. Neste sentido, foi realizada a Consulta Pública nº 05/2016, acompanhada da Nota Técnica nº 24/2016 e da minuta da resolução que tem como principal objetivo regulamentar o acesso aos documentos provenientes das investigações do CADE.

A proposta do CADE para regulamentar a forma de acesso aos documentos obtidos por meio de acordos de leniência e TCC separa o Processo Administrativo ("PA") em três fases: (i) negociação e celebração dos acordos, (ii) instrução, e (iii) decisão final.

Para a fase de negociação dos acordos o CADE propõe o sigilo absoluto dos documentos e informações fornecidos pelo

[29] Ibidem.

colaborador, sob a premissa de que, enquanto não for assinado o acordo, se os documentos forem abertos a terceiros há o risco de o delator cessar sua colaboração, desistindo do acordo.

Na fase de instrução, até a instauração do PA, via de regra, todos os documentos serão confidenciais. Após a instauração, será divulgada a versão publicada da NT de instauração do PA, com o máximo possível de informações que possam interessar a eventuais prejudicados e que não prejudiquem o andamento das investigações. Com a remessa do PA ao Tribunal, será divulgada a versão pública da NT final da SG e demais conteúdos dos autos públicos, desde que o acesso à documentação não prejudique as investigações e que o pedido de acesso seja bem fundamentado, razoável e legítimo.

Ainda com relação ao acesso à informação ao longo da fase de instrução, o CADE pretende possibilitar que o Acordo de Leniência ou o TCC prevejam a autorização expressa do signatário ao acesso às informações por partes lesadas pela conduta do cartel logo após a assinatura do acordo.

Por fim, após o julgamento pelo Tribunal do CADE, a regra geral será a apresentação dos principais documentos do PA, desde que mediante ordem judicial e de que os documentos sejam mantidos em sigilo pelo autor da ARDC – ou seja, as ações de reparação deverão correr em Segredo de Justiça. Há, no entanto, algumas exceções à regra geral de disponibilização de documentos, sendo as principais delas (i) o Histórico de Conduta e seus aditivos; (ii) documentos que contenham segredos industriais; (iii) documentos relacionados à atividade da empresa, cuja divulgação possa representar vantagem competitiva a outros agentes; (iv) e vedações legais.

Na Nota Técnica, o CADE não se limitou a tratar das medidas que o órgão adotará na resolução que tratará do acesso aos documentos colhidos nas investigações administrativas. A NT nº 24/2016 também serviu para apresentar a posição institucional do CADE acerca dos mais importantes temas atinentes ao *private enforcement*, além de apresentar sugestões de alteração legislativa visando tornar mais atrativa e eficaz a possibilidade de se buscar a reparação pelos danos causados pela prática de cartel.

As mais importantes sugestões de alteração legislativa apresentadas pelo CADE estão relacionadas à tão problemática questão da prescrição e à força vinculante da decisão administrativa em âmbito judicial.

O CADE sugere que a LDC seja alterada "para estabelecer a ciência inequívoca do ilícito concorrencial como termo inicial para a contagem do prazo previsto de três anos"[30], o que se daria ou na data da publicação da decisão final do PA pelo CADE ou após o término de ação penal.

Ainda com relação à contagem do prazo prescricional, o CADE sugere a interrupção do prazo prescricional a partir da instauração do procedimento administrativo para investigação da conduta antieconômica até o julgamento do PA, utilizando como modelo o *discovery stay* adotado nos EUA.

Com relação à força vinculante da decisão proferida no PA, o CADE sugere que a decisão condenatória do Plenário do Tribunal do CADE tenha força de título executivo extrajudicial, a exemplo do que acontece na União Europeia, nos EUA e nos principais modelos antitruste do mundo, cabendo ao autor da ARDC comprovar a existência do nexo causal e a extensão do dano a ser reparado. Esta sugestão de alteração, em especial, caso acatada, será um grande diferencial para fomentar o cenário de ARDCs no Brasil.

Além das sugestões de alteração supratranscritas, o CADE apresentou proposta de limitação da responsabilidade civil dos signatários de acordo de leniência, reforçando a posição de proteção ao seu Programa de Leniência.

[30] Nota Técnica do CADE nº 24/2016

Por fim, vale destacar que o CADE vem adotando como regra que suas decisões destaquem, de forma expressa e pública, quais foram os documentos utilizados para formação da convicção. Se o Judiciário partir do pressuposto de que as informações constantes de decisões proferidas pelo CADE possuem força probatória, é inegável que a postura do CADE de inserir o máximo possível de informações em suas decisões deverá ser de grande ajuda aos interessados no ajuizamento de ARDCs.

4.1. Cartel do Câmbio: o Provável Divisor de Águas do Private Enforcement Brasileiro

Em meio à mudança de postura do CADE, que, como dito, tem buscado meios de auxiliar no fomento ao *private enforcement* no direito brasileiro, observou-se, entre os meses de junho e julho de 2018, o ajuizamento de ao menos 14 (quatorze) ações movidas por grupos empresariais em face de instituições bancárias que estariam envolvidas no chamado "Cartel do Câmbio", objeto do Processo Administrativo nº 08700.004633/2015-04 do CADE, instaurado em julho de 2015[31].

O mencionado Processo Administrativo teve início com a celebração de acordo de leniência, em que o banco UBS confessou participar de um cartel formado por diversas instituições financeiras, tanto brasileiras quanto estrangeiras, com o intuito de manipular o mercado de câmbio nacional. Segundo apuração da SG, há fortes indícios de que as instituições financeiras investigadas estabeleciam condições comerciais entre concorrentes, visando, principalmente, fixar níveis de preços de moedas estrangeiras, além de criarem barreiras à entrada de novos *players* no mercado de câmbio. Com os atos praticados,

[31] Goulart, Josette. 14 grupos entram na Justiça contra o cartel do câmbio. **Folha de São Paulo**. São Paulo, 03 jul. 2018. Disponível em <https://www1.folha.uol.com.br/mercado/2018/07/14-grupos-entram-na-justica-contra-o-cartel-do-cambio.shtml>. Acesso em 20 out. 2018.

as investigadas haveriam tornado praticamente inexistente a competição entre as instituições financeiras atuantes no setor.

Atualmente, o PA encontra-se em fase final instrução, já tendo sido, inclusive, proferido, em junho de 2017, despacho saneador para afastar as preliminares arguidas pelos representados.

Mesmo sem o julgamento do PA, foram celebrados, até agosto de 2018, um total de 7 (sete) TCCs. Ou seja, se considerado, ainda, o acordo de leniência firmado pelo UBS, tem-se que ao menos 8 (oito) instituições financeiras de grande porte já confessaram participação no Cartel do Câmbio, sendo, portanto, patente a existência de danos às empresas que costumam operar no mercado de câmbio brasileiro.

O caso do Cartel do Câmbio é o primeiro no direito brasileiro em que um número considerável de empresas prejudicadas pela atuação cartelizada ingressa com ações que visam à reparação dos danos causados por um mesmo cartel. OAS[32], Renuka[33] e Gol Linhas Aéreas[34], são alguns dos exemplos de empresas que ajuizaram ações de protesto com o fito de interromper o prazo prescricional para ajuizamento de suas respectivas ações de indenização, até que seja julgado o PA do Cartel do Câmbio pelo CADE.

Muito embora as ações ajuizadas até a elaboração do presente artigo sejam apenas preparatórias para as ARDCs, tais demandas já representam uma importante mudança de perspectiva no âmbito do *private enforcement* brasileiro, vez que esta é a primeira vez em que se verifica um movimento, em âmbito

[32] Processo nº 1068315-30.2018.8.26.0100, em trâmite perante a 31ª Vara Cível do Foro Central da comarca de São Paulo.

[33] Processo nº 1063010-65.2018.8.26.0100, em trâmite perante a 41ª Vara Cível do Foro Central da comarca de São Paulo.

[34] Processo nº 1068486-84.2018.8.26.0100, em trâmite perante a 20ª Vara Cível do Foro Central da comarca de São Paulo.

judicial, de grandes empresas buscando a reparação de danos causados por cartel formado por outras grandes empresas – *in casu*, instituições financeiras nacionais e estrangeiras. Diante de tal quadro, inafastável a conclusão de que, seja qual for o resultado final das ARDCs ligadas ao Cartel do Câmbio, tais demandas com certeza consistirão *case* a ser amplamente estudado para definição dos próximos passos rumo à consolidação do *private enforcement* pátrio.

Uma última questão digna de nota referente ao PA do Cartel do Câmbio é o fato de o CADE ter recusado, em mais de uma oportunidade, o acesso dos possíveis lesados pelo cartel aos autos sigilosos do PA. A SG, ao opinar pelo indeferimento da inclusão dos possíveis lesados como terceiros interessados, destacou que as principais informações que possam interessar aos possíveis prejudicados encontram-se disponíveis nos autos públicos e que, caso confirmada a formação do cartel, todas as informações que possam auxiliar nas ARDCs constarão da decisão final do Tribunal do CADE. O principal fundamento da recusa foi, mais uma vez, o entendimento de que o acesso de terceiros aos autos sigilosos – mesmo que terceiros interessados –, pode prejudicar o andamento das investigações. Vê-se, portanto, que, também neste caso, o CADE, muito embora venha adotando práticas para auxiliar o *private enforcement,* mantém a postura de limitar o amplo acesso dos possíveis prejudicados pelo cartel antes de proferida a decisão final do PA.

5. Conclusão

Diante de todo o estudo realizado, o cenário que aparenta ser o mais adequado para conciliar o fomento à reparação dos danos causados a particulares pela prática de cartel e a proteção ao Programa de Leniência é o adotado no direito norte-americano, em que a reparação cível é *conditio sine qua non* para assinatura de acordo de leniência. Ou seja, o colaborador, ao buscar o órgão antitruste para denunciar o cartel e receber os benefícios da leniência, deve se comprometer a destinar um determinado montante para ressarcir os prejuízos causados a terceiros por sua atuação no cartel, devendo, inclusive, buscar as partes lesadas para pagamento da indenização.

O modelo dos EUA é extremamente interessante não só por incentivar a reparação cível, mas também por já deixar claro às empresas interessadas em firmar acordos de leniência que o pagamento de indenizações aos lesados pela atuação do cartel deverá, necessariamente, ser abarcado no acordo. Assim, as empresas, ao buscarem o órgão antitruste – já estando cientes de que terão de arcar com indenizações –, acabam se preparando previamente para tal dispêndio, o que mitiga consideravelmente os impactos das ARDCs na atratividade do acordo de leniência.

A partir do momento em que a reparação pelos danos causados a terceiros pela prática de cartel se torna uma regra – e não uma exceção ou apenas uma possibilidade –, as empresas deixam, naturalmente, de observar o pagamento de indenizações aos prejudicados como um risco, passando a considerá-lo como uma obrigação. Se somarmos tal mudança de perspectiva a um cenário em que as demais empresas participantes do cartel deverão ser condenadas ao pagamento de indenizações em valores superiores aos das indenizações aplicadas às empresas colaboradoras, chegaremos ao cenário ideal, no qual as ARDCs deixarão de ser um complicador para o Programa de Leniência, passando a se tornar mais um incentivo à colaboração.

Muito embora, conforme já destacado, as alterações propostas pelo CADE na NT 24/2016 não afastem todos os problemas enfrentados por aqueles interessados em ajuizar ARDC no Brasil, é visível e louvável o esforço do órgão antitruste em buscar o fomento ao *enforcement* privado no direito brasileiro e, se aprovadas todas as alterações sugeridas na mencionada NT, é muito provável que observemos um enorme crescimento no ajuizamento de ARDCs no Brasil nos próximos anos, sendo certo que o ajuizamento recente de ações voltadas à reparação de danos causados pelo Cartel do Câmbio já se mostra como um sinal extremamente positivo de avanço no *private enforcement* pátrio. É certo, aliás, que o provável crescimento de ARDCs no Brasil deve resultar não só em uma enorme vantagem aos prejudicados pela prática de cartel, como na abertura de espaço ao crescimento de uma nova e instigante área de atuação para advogados especializados em contencioso estratégico.

Referências

CARVALHO, Lívia Cristina Lavandeira Gândara de. **Responsabilidade civil concorrencial**: a busca pela efetiva reparação de danos. 2011. 73 f. Dissertação (Bacharelado em Direito) – Fundão Getúlio Vargas, Rio de Janeiro.

CASELTA, Daniel Costa. **Responsabilidade Civil por Danos Decorrentes da Prática de Cartel**. 2015. 203 f. Dissertação (Mestrado em Direito Civil). Faculdade de Direito, Universidade de São Paulo. São Paulo.

CONCORRÊNCIA E O ADMIRÁVEL MUNDO NOVO, evento organizado pela OAB/SP, 2017, São Paulo, disponível em: <https://www.youtube.com/watch?v=WAOWZw01kRA>. Acesso em: 09 ago. 2017.

CONSELHO ADMINISTRATIVO DE DEFESA DA CONCORRÊNCIA – CADE. **Nota Técnica nº 24/2016**. 2016. Disponível em: <http://sei.cade.gov.br/sei/institucional/pesquisa/documento_consulta_externa.php?7-kPOxkDr7Hdy3nk8N7KWlj4Aaib6rj2o5ZKJrkFLovgm9l4TV4zQUY7a3MW4omo9BwdVCnAIQZcpqBftsU_mXg>. Acesso em: 20 nov. 2017.

GONÇALVES, Carlos Roberto. **Direito Civil Brasileiro, volume 4:** Responsabilidade Civil. 7. Ed. São Paulo: Saraiva, 2012.

HOVENKAMP, Herbert. **Antitrust's protected classes**. Michigan Law Review, Vol. 88, n. 1, 1989-1990, p. 7.

HOVENKAMP, Herbert. **Federal Antitrust Policy: the Law of competition and its practice**. 3ª edição. Minnesota: Thomson/West, 2005, p.602.

In re Flat Glass Antitrust Litig. (Flat Glass I), MDL No. 1200, Misc. No. 97550, at 56 (W.D. Pa. Mar. 26, 1998).

JONES, Alison. Private Enforcement of EU Competition Law: A comparison with, and lessons from, the US. **SSRN**. 2016. Disponível em: <https://papers.ssrn.com/sol3/papers.cfm?abstract_id=2715796>. Acesso em: 20 nov. 2017.

MAGGI, Bruno Oliveira. **O Cartel e seus efeitos no âmbito da responsabilidade civil**. 2010. 233 f. Dissertação (Mestrado em Direito Civil). Faculdade de Direito, Universidade de São Paulo. São Paulo.

MARCHESINI, Lucas; PUPO, Fábio. Cade defende mais sigilo em acordos de leniência. **Valor Econômico**. Brasília, 24 out. 2017. Disponível em: <http://www.valor.com.br/brasil/5166770/cade-defende-mais-sigilo-em-acordos-de-leniencia>. Acesso em: 21 out. 2017.

MARTINEZ, Ana Paula; CORDOVIL, Leonor. Política de leniência – avanços e perspectivas. In: CARVALHO, Vinicius Marques de (Coord.), **A Lei 12.529/2011 e a Nova Política de Defesa da Concorrência**, São Paulo: Singular, 2015.

NUSDEO, Fábio. **Curso de Economia**: introdução ao direito econômico. 5ª ed. São Paulo: RT, 2008.

Quantifying antitrust damages – towards non binding guidance for courts, 2009, disponível em: <http:/ec.europa.eu/competition/antitrust/actionsdamages/quantification_study.pdf>. Acesso em 12 nov. 2017.

SCHAPIRO, Mario Gomes; CARVALHO, Vinicius Marques de; CORDOVIL, Leonor (Coord.). **Direito Econômico e Concorrencial**. São Paulo: Saraiva, 2013.

SOBRE OS AUTORES

Ana Luiza de Albuquerque

Bacharel em Direito pelo Centro Universitário Adventista de São Paulo – UNASP -- EC, em 2014. LLC. em Direito Empresarial pelo Insper, em 2017. Advogada atuante no setor de Óleo e Gás no Estado de São Paulo.

Clóvis Sapucaia de Araújo

Bacharel em Direito formado pelo Centro Universitário das Faculdades Metropolitanas Unidas e pós-graduado em Direito Empresarial pelo Instituto de Ensino e Pesquisa – Insper ("lato sensu"). É advogado atuante na área contenciosa e pré-contenciosa cível, com ênfase na defesa de empresas em litígios estratégicos de natureza comercial.

Diana Cristina Oliveira Costa

Graduada em Direito pela Universidade Federal de Viçosa, em 2015. LLC. em Direito Empresarial pelo Insper, em 2017. Advogada em São Paulo.

Mateus Socolowski

Bacharel em Direito pela Universidade Presbiteriana Mackenzie (2014). Especialista em Direito Empresarial pelo Insper (2017). Advogado atuante em Direito Tributário e Empresarial.

Tomás de Sampaio Góes Martins Costa

Bacharel em Direito pela Pontifícia Universidade Católica de São Paulo - PUC-SP, em 2015. LLC. em Direito Empresarial pelo Insper, em 2017. Advogado atuante em contencioso cível estratégico no Galdino & Coelho Advogados.

ÍNDICE